書くひとのための感情を表すことば430

ながたみかこ 著

笠間書院

はじめに

本書を手にとってくださったのは、文章をつづることの難しさを少なからず感じている方であろうと拝察します。私も日々、ああでもないこうでもないとつおいつしながら机に向かっています。言葉の中でも、感情をうまく表現することは至難の業かもしれません。

何かに対する感情や気持ちを共有すると、お互いの理解が深まります。自分の状況が伝わるので、共感や配慮が得られます。現実生活でももちろんですが、創作の世界でも同じことが言えます。気持ちを描写することで読者は登場人物を理解し感情移入し、共感したり反発したりするわけです。

対面での会話と違い、文章では相手の顔が見えないので、表情や身振り手振り、声のトーンなどで感情を読み取ることができません。また、受け取り側の反応も見ることができないので、言葉や表現の調整もできません。そのため、いかに言葉を駆使するかが大切になってきます。

「嬉しかった」「悲しかった」だけではなかなか感情は伝わりません。「とても」「少し」など補足することで程度は伝わるものの、細やかなニュアンスは表現できません。人の感情はそんな言葉だけで表せるほど単純ではないのです。

本書『書くひとのための感情を表すことば430』は、感情そのものを表す語・喩え・ことわざ・慣用句などを集め、中でも和語（大和言葉）や時代を感じる古風な表現を中心に構成しました。日本の古い言葉には繊細な感情が宿っています。言霊と言い換えてもいいでしょう。例えば「不安」「焦燥」といった漢語を、「そわつく」「気が気でない」といったように和語で表現すると、細やかな情感や人間くささや趣《おもむき》を感じませんか。「メニュー」「献立」は無機質な名詞ですが、「おしながき」には食材や客に対する敬意を感じませんか。

言葉は時代と共に生まれ、また時が流れて必要がなくなれば消えていくものです。しかし、残したいと感じるユーモラスな言い回しや美しい表現もあります。そんな語を本書では多数ピックアップしています。また、語源や字義を知ることで言葉のニュアンスが分かるため、少々横道にそれるような雑学的な説明も多く入れました。

複雑な感情を的確に表すための言葉、繊細な感情にぴったりと寄り沿う豊かな言い回しが見つかることを祈っています。

目次

第1章 喜びや楽しさを伝えたいときのことば

人間の多種多様な感情をひとまとめにした四字熟語に「喜怒哀楽」があります。その中でも「喜び」「怒り」「悲（哀）しみ」「楽しさ」の4つは字面に使われるほどですので、人の代表的な感情であると考えてよいでしょう。第1章では4つのうちのポジティブな感情「喜び」「楽しさ」に光を当てていきます。この2つは比較的シンプルな心の動きで身近な感情ですので、執筆においても出番は多いことでしょう。

❶ 心の中の静かな喜び

喜びや楽しさにも程度や種類があります。声をあげるほどではないけれど、期待や嬉しさで心が弾んでいる状態、感動・感謝・安心など心地よい感情で満たされている状態——そんな静かな喜びの言葉を見ていきましょう。

うきうき 楽しくてじっとしていられないさまを「うきうき」と表現します。動詞での表現は「浮かれる」となり、浮いているのですからそわそわと落ち着かない状態であることが分かります。「うきうき」と近い意味をもつ表現に「わくわく」があります。ほとんど同じ意味ですが、使う場面が少し異なります。

「うきうき」は「夏休み中の予定を考えると心がうきうきしてくる」「ボーナスが支給されたのでうきうきしながら買い物をして歩いた」といったように、期待に対しても使われますし、楽しさの最中にいるときにも使われます。これに対し「わくわく」は、「夏休みを目前にしてわくわくしている」「明日はボーナス日なのでわくわくだ」など、期待に対してのみ使われることが多い表現です。

▶けさから五月、そう思うと、なんだか少し浮き浮きして来た。（太宰治「女生徒」）

この主人の今の心は怒っているのだか、浮かれているのだか、または哲人の遺書に一道《いちどう》の慰安を求めつつあるのか、ちっとも分らない。（夏目漱石「吾輩は猫である」）

大津の街へさしかかると、ひとりでいても胸がわくわくとして、窓からのぞく顔に微笑が自然と浮かんで来る。（横光利一「琵琶湖」）

胸をときめかす

期待や喜びで華やぐ心を表す言葉に「胸をときめかす」「胸を膨らませる」「胸を躍らせる」「胸がとどろく」などがあります。感情を表す慣用句には身体の部位が多く見られます。「胸がわくわく」「胸が締め付けられる」など、喜びや悲しみの感情には胸、「腹が立つ」「頭に血が上る」など、怒りの感情には頭や腹が多く使われます。

虹の橋に霧がかかったところや梢《こずえ》を鳴らす優しい風の音もレースに織ってみようと、胸をふくらませるのだった。（矢田津世子「鴻ノ巣女房」）

ああ、窓に稲妻がさす。胸がとどろく。（泉鏡花「木の子説法」）

胸に響く

強い思いや感動で心が満ちる状態を「胸に響く」といいます。「胸に迫る」「胸が詰まる」「胸に応える」「胸が熱くなる」「胸を打つ」なども同じ意味です。また、これらはすべて「胸」を「心」と言い換えて「心に迫る」「心に響く」「心が詰まる」「心に応える」「心が熱くなる」「心を打つ」とすることもできます。胸と心は同じ意味合いとなるのです。これらの語は喜びや感動を表すときだけではなく、悲しさの表現にも使われます。

その外にまだなんだか胸に響くような鋭い喜びと悲しみの念が湧いて来る。（寺田寅彦「森の絵」）

ジョバンニはたしかにあれは証明書か何かだったと考えて少し胸が熱くなるような気がしました。（宮沢賢治「銀河鉄道の夜」）

「西方の人」の言葉の一つ一つが私の心に迫るのも丁度それに似ている。（堀辰雄「エマオの旅びと」）

そんな事が又、菜穂子には何もかも分かって、一々心に応えるのだった。（堀辰雄「菜穂子」）

胸がすく

心が晴れやかになってすっきりすることを「胸がすく」といいます。胸につかえていることがあったからこそ、胸がすくのです。抱えていた心配事がなくなったときや、それ見たことかざまをみろといった気持ちのときに似合う言葉です。

▶ 見事な、胸のすく思いです。（宮本百合子「ソヴェト同盟の音楽サークルの話」）

わたしは颶風《あらし》にほぐれる裾《すそ》を片手に抑《おさ》えて、／泡立って行《ゆ》く濁流を胸がすく程じっと眺める。
（与謝野晶子「暴風」「晶子詩篇全集」より）

小気味よい

やり方や考え方などがあざやかで気持ちが良いさまを「小気味よい」と表現します。「小気味のよい音色」といったように、五感で感じる気持ちの良さを表すときに使われることもありますし、「犯人が芋づる式につかまる様子は、見ていて小気味よかった」

など、胸がすくような感情に使われることもあります。

十月小春の日の光のどかに照り、小気味よい風がそよそよと吹く。（国木田独歩「武蔵野」）

小気味よさそうに声を上げて笑った。（国枝史郎「生死卍巴」）

一泡吹かせる

不意をついて人を慌てさせたり驚かせたり苦しめたりすることを「一泡吹かせる」といいます。不満、嫌悪、わだかまり等、敵意を持っている人に対して使い、敵意を持っていない人に対しては使いません。

注意したいのは、吹かせるのはあくまでも「一泡」だけです。この「泡」の語源は、首を絞められた苦しさから吹く泡だとされます。長く相手を苦しめ続けたり、再起不能になるほどの打撃を与えたりするようなときにこの語はふさわしくありません。相手を慌てさせて胸がすくようなときに使いましょう。

「此《こ》の意気地なしども！　そんなら一昨年《おととし》の二百十日《か》のように、また一《ひ》と泡《あわ》吹かしてくれようか」（山村暮鳥「風」「ちるちる・みちる」より）

恨みかさなる友蔵めに、ここで一泡吹かせてやろうと考えた。（岡本綺堂「虎」）

胸をなで下ろす

抱えていた不安や心配事がなくなり、ほっとひと安心することを「胸をなで下ろす」といいます。胸に当てた手をなで下ろそうにも、異物が邪魔をしていたら手がひっかかって下ろすことはできません。胸をなで下ろせるのは、気がかりなことが消えて心に平穏が訪れたからなのです。

早苗さんはそれを聞いて、ホッと胸をなでおろす気持だった。（江戸川乱歩「黒蜥蜴」）

心待ち

心の中で待つことを「心待ち」といいます。期待に胸を膨らませている状態です。「お待ちしておりました」というよりも「心待ちにしておりました」とした方が相手を待ちわびていた様子が伝わります。

わたくしは今心待ちに梅の蕾《つぼみ》の綻《ほころ》びるのを待っているのだ。（永井荷風「葛飾土産」）

昨日山へ行った富岡の帰りを、心待ちにして、ゆき子は全身が待つ事に集中していた。（林芙美子「浮雲」）

寛ぐ

ゆったりと楽な気持ちで過ごすことを「寛ぐ」といいます。「寛」の訓義には、穏やか、ゆるやかなどがあります。また、うかんむりは屋根を表し、家屋の意味があります。落ち着ける場所でゆったりと過ごしているとき、穏やかでゆるやかな気持ちになったときに似合う言葉です。

「胡座を掻け、寛ぐがいい」そうして自分も胡座を掻いた。（国枝史郎「天主閣の音」）

自分がその風船の主ででもあるかのように、寛いだ気持で空の楽しい一時間を費すことが出来た。（渡辺温「風船美人」）

円居《まどい》る

人々が輪の形で座ることを「円居」といい、そこで楽しく団欒《だんらん》することを「円居る」といいます。単に人が集まるということではなく、親しい人たちが集まって過ごす楽しい時間のことです。楽しいという言葉が出ていなくても「円居」の一語にその思いがこめられているのです。

住宅地は家族のまどいを知らす朝餉《あさげ》の煙を上げ、山腹の段々畑はよく茂った藷《いも》の上に露をかがやかせている。（永井隆「長崎の鐘」）

ちょうど、夜のまどいに、学芸会に、日頃の覚えを語りだす情熱あふれる若人達の物語のように。（坂口安吾「かげろふ談義―菱山修三へ―」）

夢心地

夢を見ているかのような、ぼんやりとした幸せな気持ちを「夢心地」「夢見心地」といいます。好きなものにうっとりと浸る幸せや、現実を忘れて熱中するさま、覚醒しきっていないようなぼんやりとした思考状態を表すときなどに使われます。

▼「黒谷村」という小説は半分夢心地で書いたもので、そういう夢心地の部分は今読み返してみると、みんなこの漠然とした心の影にふれていて、自然に滲みでるものらしい。（坂口安吾「分裂的な感想」）

その快《こころよ》い羽音が、まだ二人の眠っているうちから、夢心地に耳に聞こえました。（小川未明「野ばら」）

花嫁は、夢見心地で首肯《うなず》いた。（太宰治「走れメロス」）

まどろむ

少しの間うとうとと居眠りすることを「まどろむ」といいます。その状態が心地よいことを感じさせる、柔らかい語感の言葉です。また慣用表現で「まどろみを誘う」という言葉があります。眠りに「引き込まれる」のではなく「誘われる」のです。心地よくて、誘われたら断ることができなさそうな印象を受ける表現です。

▶ 昔々母の懐中《ふところ》でまどろむような、或はまた焚火の温暖を恋するような、人間情緒の本質に遺伝されてる、冬の物侘しい子守唄の情緒がある。（萩原朔太郎「冬の情緒」）

▶ ねむくなるまで読んだり考えたりする、……明け方ちかくなって、ちょっとまどろんだ。（種田山頭火「其中《ごちゅう》日記（八）」）

酔いしれる

「酔いしれる」はアルコールに酔うという意味もありますが、芸術作品、風景、人、味などさまざまな対象に使われる言葉で、特定のものに心を奪われてうっとりするさまを表します。「演奏に酔いしれる」「風味に酔いしれる」など、対象物と触れ合う心地よさが表現できます。

▶ それほどわしは自分の幸運に酔いしれてたんでさぁ。（アーサー・コナン・ドイル 大久保ゆう訳「赤毛連盟」）

▶ 芝生の上には若い女のいきれが陽炎《かげろう》のように立って、生温かい午後の陽ざしに、人も花も、木も石も酔いしれるよう。（野村胡堂「奇談クラブ〔戦後版〕06 夢幻の恋」）

潮待ち

航海の好機は潮の流れによって左右されるため、出航のタイミングを待つことがあります。これを「潮待ち」といいます。この言葉は船だけでなく、「起業の準備は整った。あとは潮待ちだ」など、スタートのベストタイミングを見計らっているときにも使われます。準備万端でスタートを待つだけの状態です。この語を使うことで、近い将来に対する希望や期待などを表現することができます。

▶ 選手全員の士気が高まるまで潮待ちだ。（著者作）

波に乗る

時代の流れや勢いに乗って栄えたり、調子が出てきて物事がうまく運んでいくさまを「波に乗る」といいます。前項の「潮待ち」のあとは「波に乗る」、これが理想ですね。二語とも海の営みになぞらえた言葉です。

▶ 浪《なみ》にさらわれる者は溺《おぼ》れるが、浪に乗る者はこれを越えることができる。（中島敦「悟浄出世」）

身に染みる

しみじみと心に迫る感情を「身に染みる」「骨身に染みる」と表現します。「染みる」のですから、目に見える表面的な感情ではなく、内面まで到達するような深い思いです。身に染みるものはプラスの感情とは限りません。人生の厳しさを感じたときなどにも「身に染みる」と表現することもあります。

▶しみじみと身に染みるもの、油、香水、痒ゆきところに手のとどく人が梳櫛《すきぐし》。こぼれ落ちるものは頭垢《ふけ》と涙、湧きいづるものは、泉、乳、虱《しらみ》、接吻《くちづけ》のあとの噎《おくび》、紅き薔薇《しょうび》の虫、白蟻。（北原白秋「第二真珠抄」）

そんな時だから、どんな映画でも、骨身にしみる。（太宰治「弱者の糧」）

舌鼓《したづつみ》を打つ

おいしいものを味わっているさまを「舌鼓を打つ」と言います。「鼓」は楽器の鼓のこと。おいしさのあまり、鼓のように舌を打ち鳴らすというわけです。「おいしいお菓子を食べた」というところを「珍しいお菓子に舌鼓を打った」と言い換えれば大人の雰囲気が漂いますね。

▶山の清水の美味なのに舌鼓を打ちつつコップに何杯もお代りを所望したりして、二十丁の坂路を明るいうちに下った。（谷崎潤一郎「細雪 上巻」）

舌鼓うちたいほどの甘い哀愁《あいしゅう》が復一の胸を充《みた》した。（岡本かの子「金魚撩乱」）

くちい

これ以上食べられないほどお腹がいっぱいになったことを「くちい」といい「腹がくちくなった」といったように使います。必ずしも感情が込められているとは言い切れませんが、満腹なのですから満ち足りた気持ちを感じます。

これで、腹もくちくなったし、身体も煖まった。（久生十蘭「顎十郎捕物帳 初春狸合戦」）

君はおなかがくちいものだから、人生に冷淡で、どうなろうと平気なんだ。（アントン・チェーホフ 神西清訳「かもめ」）

憩う

寛ぎながら休息をとることを「憩う」といいます。「憩いの時間」「憩いの場」といった表現が使われる場面を想像してみてください。「憩う」は単に休憩することではなく、安らぎや寛ぎの感情が伴っていることを感じるのではないでしょうか。

▼実之助は、参拝を終えてから境内の茶店に憩うた。（菊池寛「恩讐の彼方に」）
▼ほんの瞬間の憩いにでも、私がなることができれば、わたしはそれで、もういいの。（山崎富栄「雨の玉川心中 太宰治との愛と死のノート」）

我ぼめ

自分で自分をほめることを「我ぼめ」といいます。自慢やうぬぼれや自画自賛のことです。我ぼめするのは、誇らしいという感情があるからこそです。「あいつは我ぼめが過ぎる」など、他人の驕りを批判するときなどに使えますし、「ぼくって頑張り屋だな、と思わず我ぼめした」など自身をねぎらうときに使ってもいいでしょう。

▼値段好く売れたる暁《あかつき》には、われらは七星われらは十傑、われらは十二使徒と擅《ほしいまま》に見たてしてのわれぼめ。（森鷗外「うたかたの記」）

冥利《みょうり》

もともとは仏教用語である「冥利」は、仏が人に与える利益のことです。転じて「作家冥利」「母親冥利に尽きる」といったように、職業や立場を表す語と組み合わせて、その立場にいることで受ける利益を表現します。冥利は金銭に代えがたい大きな幸福なのです。

▼ほんとうに芸人冥利、こういう御贔屓《ごひいき》を大事にするは当前《あたりまえ》でござんせんか。（泉鏡花「照葉《てりは》狂言」）

▼全ての材料がそろい、ヤマは面白そうだし、何はさておき記者冥利に尽きる。（フレッド・M・ホワイト 奥増夫訳「ドレントン・デン特派員の冒険 第三回放火団」）

琴線に触れる

「琴線」は字の通り琴の糸、弦のことです。良い物に出会って感銘を受けたときに「琴線に触れる」と表現します。心の奥にある敏感な感受性を、琴の糸に譬えたのです。触れると音を出す琴の糸が心の奥に張られているだなんて、日本語はとても美しいと思いませんか。

▼音楽を作りかつ鑑賞する能力は、言語能力の入手以前より人類に備わっていた。ひょっとするとそれが、音楽が我々の琴線に触れる理由なのかもしれぬ。（アーサー・コナン・ドイル 大久保ゆう訳「緋のエチュード」）

早苗の閉ざされていた扉の奥の琴線にふれる何かの熱情がこもってみえた。（林芙美子「風媒」）

つつがない

大きな災難などにあわず、平穏だったり安らかだったりするさまを「つつがない」といいます。「つつが」は病気など身に降りかかる災難のことで、漢字では「恙」と書きます。ダニの一種であるツツガムシ（恙虫）もここから命名されたという説があります。「元気に暮らしております」「つつがなく暮らしております」同じ意味ですが後者のほうが雅な印象を受けますね。

▼雨が降る、安らかに恙なく／天から地に届く／人通りはまるで無い。自分一人だ。（千家元麿「自分は見た」）

▼夏の花、秋の草、みな恙なく生長している。（岡本綺堂「薬前薬後」）

安んずる

心が安らかになること、状態に満足することを「安んずる」「安んじる」といいます。声を上げたくなるような喜びや胸が高鳴るような幸福ではなく、「刺激はないけれど平凡な幸福に安んずる」など、安心・安らか・平穏など、静かな感情に対して使われます。「こんな状況に安んずるわけにはいかない」と打ち消しとともに使われることも多い言葉です。

▼しかも今人は悉《ことごとく》こう云う信念に安んじている。（芥川龍之介「侏儒の言葉」）

▼その恋人が東京に居ては、仮令《たとい》自分が芳子をその二階に置いて監督しても、時雄は心を安

んずる暇はなかった。（田山花袋「蒲団」）

得たり賢《かしこ》し

「得たり賢し」は喜びの言葉で、自分の想定通りにことが運んだときに使います。「絶妙のタイミングでタクシーが通りかかったので、得たり賢しと手をあげた」といったように、「と」で次の行動につなげて意味を持たせる使い方が一般的です。「うまくいった！」「ラッキー！」といったような感情が込められています。

こちらは得たり賢しと鼻を一ぱいににやつきながら、『いかにも天気ぐらいは変るかも知れませぬて。聞けばあの猿沢の池から三月三日には、竜が天上するとか申すではござらぬか。』と、したり顔に答えました。（芥川龍之介「竜」）

燕は得たりかしこしとすきを窺《うかが》って例の金の板を部屋の中に投げこんでしまいました。（有島武郎「燕と王子」）

勿怪の幸い

思いがけない出来事を「勿怪」といい、中でも予測しなかった幸運を「勿怪の幸い」と呼びます。「勿怪（物怪）」とはもともとは妖怪を指す語とされ、訓では「もののけ」

と読みます。その昔、思いがけない出来事は妖怪の仕業と思われていました。「勿怪の幸い」は、妖怪が持ってくる幸運といったところでしょうか。楽しくもあり、微笑ましくもある慣用句です。

ほんとうの海馬があたかもそこへ現れて来たのは、彼にとっては実に勿怪の幸いともいうべきであった。（岡本綺堂「馬妖記」）

翌日は日曜だったので、もっけの倖いだと思った。（織田作之助「青春の逆説」）

❷声をあげるほどの強い喜び

期待やわくわく感が募ると、声を出して笑ったり雄叫びをあげたりなど感情が行動に表れます。思わず手をたたくなど動作に表れる愉快な気持ちや、表情や声に表れる歓喜や狂喜などの表現を見ていきましょう。

高笑い

大きい口を開けて笑うさまを「高笑い」といいます。純粋な喜びによる笑いにも使われますが、相手をやり込めて爽快だったときや優越感に浸ったときなどにも使われる一癖ある表現です。マンガの擬音などで「オホホホホ！」などと高笑いの声が書かれているのを見たことがある人もいることでしょう。

▼冷めたい、底意地の悪るそうな高笑いが、小雨の中の片側松原から聞こえて来た。（夢野久作「斬られたさに」）

腹を抱える

おかしくて大笑いすることを「腹を抱える」といいます。笑壺《えつぼ》に入《い》って笑いから抜け出せず、思わず腹に手を当てて笑い続けた経験がある人もいるのではないでしょうか。抱える場所が頭になると、楽しさから一変して苦悩を表すからおもしろいものです。

また、同じ意味の語に「腹の皮がよじれる」「腸《はらわた》をよじる」などがあります。あまりにも激しく笑うと、お腹あたりの筋肉が痛くなることがありますね。こういった体の変化から「よじれる」という表現が生まれたのかもしれません。

▼妙子は人の癖を取るのが上手で、誰の真似でも直《す》ぐにして見せて皆を笑わせることが得意なのであるが、その「キリレンコのお婆ちゃん」の身振や口真似が余り可笑《おか》しいので、幸子たちはまだ会ったこともない西洋のお婆さんを想像して腹を抱えた。（谷崎潤一郎「細雪 上巻」）

▼『さあ、おかしくって腹の皮のよれるような話をしてやるぞ。』（アントン・チェーホフ 神西清訳「グー

セフ」）

おとがいを解く

大笑いの表現に「おとがいを解く」があります。「おとがい（頤）」とは下あごのことで、「あごが外れる」という言い方もあります。同じ意味で「おとがいをはずす」「おとがいを放つ」という表現もあります。似た言葉に「あごが落ちる」というものもありますが、こちらは美味しいものを食べたときの表現なので間違えないように注意が必要です。

▶客がただ笑いさえすれば、落語の芸道を尽したかのように考えるのであるが、円朝一人は、自然に人の頤を解かしめたので、客の笑うのも自然なら、自分の笑うのも自然であった。（森銑三『明治人物夜話』「三遊亭円朝」岩波文庫）

すべて猿楽《さるがく》とよばれる雑伎《ざつぎ》の芸態、そのばかばかしい言葉のやりとり、全く滑稽《こっけい》の限り、腸もちぎれ、おとがいの骨もはずれんばかりに笑いこけさせないものはない。（藤原明衡 川口久雄訳注『新猿楽記』平凡社）

顔をほころばせる

硬かった表情がゆるみ、笑顔になるさまを「顔をほころばせる」といいます。「ほころぶ」は「口元がほころぶ」「頬がほころぶ」など、顔のさまざまな部分に対しても使われます。「ほころび」はほどけた縫い目のこと。難しい表情がほどけて笑顔になるさまを「ほころび」に見立てているのです。

▶それを聞くと、いかめしい警官たちも、思わず顔をほころばせ、その笑い声が、しずかな町にひびきわたるのでした。（江戸川乱歩「サーカスの怪人」）

▶そう言って五六間先へ行く駕籠《かご》を、顎で指した平次は初めて固い頬をほころばせるのでした。（野村胡堂「銭形平次捕物控 駕籠の行方」）

相好《そうごう》を崩す 顔をほころばせる様子を「相好を崩す」といいます。「相好」とは顔つきや表情のこと。もとの硬い表情や難しい顔が崩れ、柔らかい笑顔に一変した様子を表します。この表現は自分が笑顔になったときではなく、他人の様子の描写に使うことが一般的です。

▶こんな人が、こんなにと思われるほど小池は相好を崩していた。（菊池寛「貞操問答」）

来島はふふん、――と嘯《うそぶ》くように口を尖らしたが、すぐ相好を崩して笑いだした。（尾崎士郎「風蕭々」）

色めき立つ

「驚きの色」や「不満の色」など、人の行動や表情を「色」と表現することがあります。「色めき立つ」もその一つで、緊張や驚きや期待などがみなぎり、興奮状態になることをいいます。「色めく」ということもあります。不利だった戦いが逆転した瞬間や、試験合格などの吉報が舞い込んだときなど、場が色めき立った瞬間に立ち会った経験のある人も多いことでしょう。

▶パッタリ顔が合うや否や、馬上の二人は、退屈男の俄《にわ》かに底気味わるく落ち付き払い出した姿をみとめて、ぎょッと色めき立ちました。（佐々木味津三「旗本退屈男 第五話 三河に現れた退屈男」）

その五郎左が、緘黙《かんもく》を破って、秀吉方へ、自己の旗いろを明らかにしたので、この時、勝家の面色《めんしょく》ばかりでなく、座中は俄《にわか》に色めくものがあった。（吉川英治「新書太閤記 第八分冊」）

手の舞い足の踏むところを知らず

字面を見るだけで手や足をにぎやかに動かしていることが分かる言葉ですね。「手の舞い足の踏むところを知らず」は小躍りするほど喜んでいるさまです。笑い声や雄叫びをあげるだけでは足りず、思わず踊り出してしまうほどの大きな喜びの表現です。

▼楊《ヤン》博士は、いまや得意満面、手の舞い足の踏むところを知らなかった。（海野十三「軍用鮫」）

▼その日、○軍は二年越し△軍に負けていたのを見事雪辱した。応援団は狂喜して文字通り手の舞い足の踏むところを知らない。（佐々木邦「脱線息子」）

水を得た魚《うお》のよう

得意な分野に身をおいて、自由闊達に活躍するさまを「水を得た魚のよう」といいます。状況が変わったことによりそれまでの苦しい状況を脱し、生き生きと能力を発揮しているときに用いられます。水がなければ魚は生命の危機に陥ります。自分の得意分野を「水」に譬えているのです。「部署が変わってから、彼は水を得た魚のように成績をぐんぐんと上げた」といったように使います。

▼法要には江州から僧が招かれ、母は水を得た魚のようであった、という。（外村繁「日を愛しむ」）

有頂天

喜びの絶頂にいる様子や得意になっているさまを「有頂天」と言います。言葉の由来は仏教で、天の中でも最も高い天、つまりこの世で一番高い場所だとされていたのが有頂天です。格別な高揚感だといえるでしょう。「天にも昇る気持ち」という慣用句も、喜びの絶頂にいる気持ちを表します。

▶ その途端につき当りの風景は、忽《たちま》ち両側へ分かれるように、ずんずん目の前へ展開して来る。顔に当る薄暮《はくぼ》の風、足の下に躍《おど》るトロッコの動揺、——良平は殆《ほとん》ど有頂天になった。（芥川龍之介「トロッコ」）

満腹するまで食べられるだけで、天にも昇るような心地になったことでしょう。（マリー・ルイーズ・ド・ラ・ラメー　荒木光二郎訳「フランダースの犬」）

戯ける

「戯ける」と書いて「おどける」「たわける」「じゃらける」、「戯れる」と書いて「たわむれる」「ざれる」などの読みがあります。意味は全てふざけたりおどけたりなど、滑稽な行動をとるさまを指します。「じゃらける」は音からもふざけた様子が感じられますし、「ざれる」には文語感があります。また、「たわむれる」「ざれる」と読む場合は性行為の表現としても使われます。漢字で書く場合はルビを振ると読み方も伝わります。

▶「遂に病気になってしまったよ。」私は、顔を顰《しか》めて、わざと戯けるような調子で云った。（牧野真一「妄想患者」）

そのときは七十をすぎていたが、人前で平気で女と戯れる悪どい男であった。（坂口安吾「堕落論」）

笑壺《えつぼ》に入《い》る

笑い転げたり笑い興じたりなど、大きい喜びや笑いのようすを「笑壺に入る」と表現します。嬉しさが抑えられず、思わずニヤけてしまうときにも使われます。おもしろくて笑いが止まらないときに「ツボに入った」などと言うことがありますね。「笑壺」という言葉は現代ではあまり見かけなくなりましたが、省略され現代語に進化して使われているようです。

「笑壺」の「壺」は、鍼治療などで使われる人体の「ツボ」だといわれたり、「滝壺」など抜けられないような深い場所だとされたりします。ひとたび触れられたら笑いから抜けられなくなる人体の秘所、それが「笑壺」なのかもしれません。

▶しわの深いかおに笑をあふれるほどたたえて成人した殿兄弟をながめて笑つぼに入って居る（宮本百合子「錦木」）

取れた儲けの中から、お土産などを買って……手間と元手も実はもうそのお土産になってしまうこともあるが、それでも老人は万と儲けたような気分、「今日はなかなかおもしろかった」といって罪なく笑壺に入っている所はまことに人の好いもの（高村光雲「幕末維新懐古談 蘆の葉のおもちゃのはなし」）

第2章

悲しみや寂しさを伝えたいときのことば

詩や小説などの文芸作品を見てみますと、幸福や楽しさなどのプラスの感情よりも、悲しみや苦しみや怒りなど負の感情がテーマとなっているものが多いように感じます。人に伝えたくなったり、表現したくなったりするのは負の感情なのかもしれません。

中でも悲しみや寂しさの感情は表現することで癒され、同じ思いを持つ読み手をもカタルシスへと導きます。さまざまな悲しみや寂しさを情感豊かに表現していきたいものです。

1 心に秘めた静かな悲しみ

声を上げて泣くことはないけれど、胸の中で抱えている悲しみの表現を見ていきましょう。例えば、切なさ・憂鬱・不安・虚しさなどがありますが、こういった静かな悲しみは、激しい悲しみよりも複雑で深い感情であることが多いようです。

疼く 衝撃的な痛みではなく、ぐずぐずと脈打つようなはっきりとしない痛みを「疼く」といいます。「虫歯が疼く」など身体の痛みに対しても使われますが、「心が疼く」など精神的な意味合いでも使われます。

心に傷を負ったばかりのときは張り裂けそうな激しい痛みですが、日にち薬がきいてきて疼きに変わった経験をもつ人もいることでしょう。また、血を流すほどの傷は負っていなくとも、打撲や炎症のようなわだかまりを持ち続けていることもあるのではないでしょうか。

「疼く」はそのような鈍く痛むしこりを表現したいときに使えることばです。

▶日毎人間の心のなかで行われる惨劇、人間の一人一人に課せられているぎりぎりの苦悩——そういったものが、今は烈しく私のなかで疼く。（原民喜「死と愛と孤独」）
惨劇のなかに置かれた人間の表情とリズムがずきずきと僕のなかで疼きだす。（原民喜「悪夢」）

うなだれる

「うなだれる」は、しゅんとしたり落ち込んだりなど、一時的に元気をなくしたときに使われる表現です。首のうしろの部分、うなじのことを「うな」といい、首を前に垂れている姿を「うなだれる」というのです。まさに落胆を絵に描いたような姿です。怒られたとき、悲しかったとき、ガッカリしたときなど「うなだれる」を使う場面は色々ありそうです。

▶ただ、無能の標本みたように、火鉢のふちに曝《さら》し物にされている自分自身を顧みて、力なくうなだれるばかりであった。（夢野久作「老巡査」）

彼は何故とも知らぬ哀愁を感じてうなだれる。（吉行エイスケ「地図に出てくる男女」）

やるせない

心に抱えている苦しみや悲しみが深く、どうしても消し去ることができない状態を「やるせない」といいます。自力で避けられず乗り越えられず、無力感がついて回る切ない感情です。抗《あらが》いがたく解消できない絶望感、孤独感、喪失感などを表すときによく合う言葉です。

▶最近北原白秋氏を訪い、蒲原《かんばら》氏の寂しい生活近況を聞くに及び、とりわけやるせない憂愁と鬱憤に駆られてしまった。（萩原朔太郎「蒲原有明氏の近況を聞いて」）

言葉の解らない寂しさ、それも旅人のやるせなさの一つである。（種田山頭火「行乞記（一）」）

憂える

この先起こるであろうことに思いを巡らせて心を痛めたり、悩んだり、嘆いたりすることを「憂える」といい、憂いに沈んでいる表情を「憂い顔」と表現します。似た語の「杞憂」は現実に起こりえないことを心配するさまなので、少し意味が違います。

「うれえる」には「患える」という漢字が当てられることもあります。これを踏まえると憂いは心が患《わずら》っている状態だと思われますが、「憂い顔」「もの憂《う》い表情」などと表現すると患っているにもかかわらず、その人が魅力的に感じられることもあるから面白いものです。

▶「筒井殿、少しお憩《やす》みあれ。」

貞時はなにかを憂えるように、そう筒井を劬《いたわ》った。（室生犀星「津の国人《くにびと》」）

甚だあいまい模糊《もこ》たる事を憂い顔で言って歎息《たんそく》して、それを女史のお弟子の婦人がそのまま信奉して自分の亭主に訴える。（太宰治「純真」）

胸がふさがる

「胸がふさがる」は、悲しみや心配事で心がいっぱいになり、息が詰まるような苦しさの表現です。古語では「蓋《ふた》がる」と表現されていました。悲しみが蓋のように心におおいかぶさっている状態を指すことが分かります。

▶悲しみに胸のふさがるような癖がまだ自分には残っているのでないかと、源氏は自身のことながらも思われた。（紫式部 与謝野晶子訳「源氏物語 薄雲」）

糠《ぬか》喜び

嬉しい出来事があったものの、その喜びが一瞬で消え去るさまを「糠喜び」といいます。語源については、糠に打ち込んだ釘はすぐに抜けてしまうからだといわれたり、糠は細かくちっぽけであるからだといわれたりもしますが、いずれにしてもその喜びのはかなさを感じさせます。「小糠祝い」ともいわれます。

喜びの只中にいるときにはそれが糠喜びだとは思いません。したがって、「どうやら糠喜びだったようだ」といったように喜びが去ったあとや、「この幸せが糠喜びにならなければいいが」といったようにそうならないことを祈るときに使うのが適切です。

▶あなたは私をぬか喜びさせ、期待にふるえる思いをさせて、ドン底へ突き落したのです。（坂口安吾「水鳥亭《みずとりてい》」）

はかなむ

「はかない」とはほんの一瞬で消えていくようなあっけないさまを指し、はかないと考えることを「はかなむ」といいます。「夜明けとともに消える夜露をはかなむ」「一雨で散る桜をはかなむ」「波打ち際の泡沫をはかなむ」こういった表現は、言葉には書かれていない美しさやそれに対する愛をも感じさせます。

世にはかないものや現象はたくさんありますが、文として「はかなむ」を使うと、切なさ・

愛おしさ・やるせなさなど書き手の気持ちが前面に出てきます。どういった感情をこめたいのか前後の文で示しておくなどの工夫をするといいでしょう。

▶言いようもないはかなさが私の胸に沁《しみ》て来た。私は涯《はて》もない孤独を思い浮かべていた。（梶井基次郎「器楽的幻覚」）

私は人間を果敢《はか》ないものに観じた。人間のどうする事もできない持って生れた軽薄を、果敢ないものに観じた。（夏目漱石「こころ」）

はかなみて投げにし戀のおもかげの悲愁さそいて来るゆうべかな（萩原朔太郎「短歌」）

徒花《あだはな》

「徒花」とは花を咲かせたのに実を結ばずに散ってしまう花のことです。これが人の行いにもあてはめられて、結果の伴わない行動も「徒花」と呼ばれるようになりました。「徒」は「いたずら」とも読み、無駄という意味があります。美しくもあり、切なくもある言葉です。

▶夥《おびただ》しい明かりが紳士淑女を照らした。めったにコベント・ガーデンがこんなにキラめくことはないし、よく見れば一夜のあだ花かもしれないが、そんなに酷評することもあるまい。（フレッド・M・ホワイト 奥増夫訳「悪の帝王 第五話 クレオパトラの衣装」）

デカダンスは社会に於ける認識の無能化、思想の行きづまりに発生する徒花であり、その魅惑は、思想の新しい進展と誕生とのため廃土肥料となるのでない限り、文化の自殺に他ならぬ。（戸坂潤「認識論とは何か」）

うら悲しい

「うら悲しい」の「うら」は漢字で「心」と書きます。「裏」と語源は同じで、表に見えないものという意味を持ちます。つまり「うら悲しい」は、はっきりと目に見えるような悲しみではなく、なんとなく悲しそうに感じられるときに使う言葉です。似た語に「うら寂しい」があります。言葉で言い表しにくい、ぼんやりとした寂しさに対して使われる言葉です。

▶――うら悲しい思いと、夕の冷気に襲われて、思わず身ぶるいを致しました時、白く枯れた萱の葉の音が一しきりさびしく響き渡りました。アア、今は冬は真盛《まっさかり》です。（田山録弥「田舎からの手紙」）

眠いようなうら悲しいようなやるせのないような、しかしまた日本の初夏の自然に特有なあらゆる美しさの夢の世界を眼前に浮かばせるような気のするものであった。（寺田寅彦「物売りの声」）

北の海から冷々としたうら寂しい風が吹いて来て、空にはどことなく冬のような底重い雲が低く垂れ込めていた。（小寺菊子「河原の対面」）

あわれ

悲しさや惨めさを感じるさまを「あわれ」と表現します。「枕草子」などの古典文学にある「あわれなり」という表現を思い出す方も多いことでしょう。その昔は心の中で静かにわき上がる感動や言い表しづらい感情を「あわれ」と言いましたが、現代では不憫さや惨めさなどの悲しみに限定して使われるようになりました。

親という二字と無筆《むひつ》の親は言い。この川柳は、あわれである。（太宰治「親という二字」）

若者は名を杜子春といって、元は金持の息子でしたが、今は財産を費《つか》い尽して、その日の暮しにも困る位、憐《あわれ》な身分になっているのです。（芥川龍之介「杜子春」）

いたわしい

同情せずにはいられないほど気の毒なさまを「いたわしい」といいます。いたわりたくなる、ねぎらいたくなる状態であることです。いたわったりねぎらったりする気持ちは思いやりなくしては成り立ちません。「いたわしい」は悲しみでもありますが、優しさをも含んだ言葉なのです。

▶ああ、いたわしいご主人様。苦しい苦しいご生涯でございました。（倉田百三「俊寛」）

▶伊緒はそれを聞くとしめつけられるようにいたわしくなり、いっしょに面を掩《おお》って泣いた、そして泣きながらはげしく叱った。（山本周五郎「日本婦道記 春三たび」）

身につまされる

自分の状況や立場がオーバーラップし、相手に同情したり自身が悲しくなったりするさまを「身につまされる」といいます。他者の状況を想像したり思いやったりした結果です。愛情や共感があってこそわき上がる感情だと言えるでしょう。

▶人間臭というものは、何につけても身につまされるところがあって、暗い陰をまぬかれることができないものだ。（坂口安吾「我が人生観（八）安吾風流譚」）

▶丑松は身につまされるかして、幾度《いくたび》か読みかけた本を閉じて、目を瞑《つぶ》って、やがて其《それ》を読むのは苦しくなって来た。（島崎藤村「破戒」）

悔やむ

人が亡くなったことを悲しむ言葉に「悔やむ」があります。「友人の死を悔やむ」というように「死」をつけて使うことが多い語です。「惜しむ」も同じ意味で「友人の死を惜しむ」といったように使います。遺族に「このたびはお悔やみ申し上げます」と言葉をかけることがありますね。「悔やむ」は後悔を表す語でもあるのですが、「お悔やみ」は死に対してのみ使われるのです。

また「悼む」も同じ意味の言葉です。「悼む」の語源は「痛む」と同じで、心に痛みを覚えることをいいます。「故人を悼む」「友人の死を悼む」といったように「悔やむ」「惜しむ」と同じ使い方をします。「悼む」は「追悼」「哀悼」などのように熟語になる場合もあります。どちらも人の死を惜しみ悲しむことで「悼む」と同じ意味を持ちます。

気のきいたお悔みの言葉ひとつ述べることができない。許したまえ。この男は、悲しいのだ。
（太宰治「緒方氏を殺した者」）

権大納言《ごんだいなごん》の死を惜しむ者が多く、月日がたっても依然として恋しく思う人ばかりであった。
（紫式部 与謝野晶子訳「源氏物語 横笛」）

長谷川時雨さんの御生涯を思うと、私たちは、やっぱり何よりも女性の多難な一生ということを考えずには居られなくて、最後までその道の上に居られた姿を、深く悼む心持です。

（宮本百合子「積極な一生」）

愁傷《しゅうしょう》 嘆き悲しむことを「愁傷」といいます。遺族にお悔やみを述べるときなどに「このたびはご愁傷様でございます」といったように使うのが一般的です。故人を悼み、遺族を思いやる気持ちのこめられた言葉です。

久生十蘭は、人が亡くなったときに見せる表情を「愁傷顔」と表現しています。

▶「ともかく、きょうのジープが、命とりになったか……いや、悪い運勢であった」などと、勿体らしい愁傷顔をしていた。（久生十蘭「我が家の楽園」）

「御愁傷は御道理《ごもっとも》でございますが、余りお考えになると、お身体に障ります」（佐々木邦「人生正会員」）

❷声をあげて涙するような強い悲しみ

強く激しい悲しみの表現には「どのように泣いたか」「どのくらい涙を流したのか」といったような、目で確認できる動きが多く見られます。静かで深い悲しみは内面（心）の複雑な動きですが、激しい感情は涙や声などの表面（体）に表れるものだからでしょう。流れる涙の量やその様子で、悲しみの種類や深さが表現されます。

目頭が熱くなる　感動のあまりに涙が出そうになるさまを「目頭が熱くなる」といいます。実際に涙を落とすのではなく、涙がそこまで来ているのでじんわりと目が熱くなるというようなイメージです。

先生の心の温かさを知って、目頭が熱くなるのを覚えた。（三木清「西田先生のことども」）

差しぐむ　湧いてきた涙がこぼれ落ちそうになるさまを「差しぐむ」といいます。「涙ぐむ」「涙差しぐむ」も同じ状態を表します。「ぐむ」とは、その気配が見える、兆候があるときに使われる接尾語です。「差しぐむ」は号泣しているときや泣き続けているときではなく、泣きそうなときや泣き始めに使うのが相応わしいと言えるでしょう。

父親の切符を買うのをジッと見て居た千世子はわけもなくさしぐむ様な気持になった。（宮本百合子「千世子」）

何らの修飾なく声あげて泣く人の悲哀より一木一草の感覚にも静かに涙さしぐむ品格のゆかしさが一段と懐しいではないか。（北原白秋「桐の花」）

時雨《しぐ》れる

「時雨《しぐれ》」は、時折雨が降ったり止んだり、今にも降り出しそうだったりする天候です。「時雨れる」はこれになぞらえた比喩で、涙ぐんだり時折涙を落としたりするさまに使われます。涙が出そうな気持を「時雨心地」とも言います。この語を使えば雅やかで情感あふれる文になることでしょう。書き言葉では「時雨《しぐ》る」とすることもあります。

▶葛岡はというと、殆ど性根の脱けた藁人形になって、ときどき時雨るるように少しずつ泣きます。（岡本かの子「生々流転《しょうじょうるてん》」）

あら、お姉さまも時雨《しぐれ》ているのね。（菊池寛「貞操問答」）

血をはく思い

非常に大きな悲しみや、ひどく辛い思いをかかえることを「血をはく思い」といいます。「血をはく思いで戦った」「血をはくような苦しみだった」といったように使います。「血反吐《ちへど》をはく」と表現されることもあります。「血反吐」とは胃から出る血や、血の混じった反吐のこと。ストレスで胃潰瘍などの病気になることもありますから、この表現はあながち誇張でもないのでしょう。中原中也は、倦《もの》うさで血をはきそうだという、詩人ならではの表現をしています。

今はもう馬鹿みたいに長く生きすぎたからラディゲの年齢などは考えることがなくなったが、年齢と仕事の空虚を考えてそのころは血を吐くような悲しさがあった。（坂口安吾「いずこへ」）

血を吐くやうな倦《もの》うさ、たゆけさ（中原中也「夏」「山羊の歌」より）

断腸の思い

まずは、由来となっている故事のエピソードを簡単に紹介します。捕らえられた小猿を取り戻すため、母猿が人間の船を追いました。百里あまり追いかけ、船に追いついたときに母猿は命を落としました。腹を切り裂いてみると腸はずたずたになっていたそうです。子を奪われた母猿の悲しみは腸を損傷するほどだったのです。

このことから、非常に大きい悲しみを「断腸の思い」と表現するようになりました。母猿のように腸がちぎれることはなくとも、そんなことが起こってもおかしくないくらいの大きな悲しみを表す言葉です。

翌《あく》る朝、起きてみて、つるが家にいなくなっているのを知って、つるいない、つるいない、とずいぶん苦しく泣きころげた。子供心ながらも、ずたずた断腸の思いであったのである。（太宰治「新樹の言葉」）

三十歳になった時に、僕はこれでもう青春の日が終った思い、取り返しのつかない人生を浪費したという悔恨から、泣いても泣ききれない断腸悲嘆の思いをしたが、それでもさすがに、自殺するほどの気は起らなかった。（萩原朔太郎「老年と人生」）

胸に釘を打つ

急所を攻撃されて心に痛みを感じるさまを「胸に釘を打つ」といい、「胸に釘を打たれたような痛み」といったように使います。胸がかきむしられるような思い、心が血を流すような苦しみを表現したいときに使うといいでしょう。

聞く一言一言が、渠女《かれ》の身に取ると、胸に釘を打たるる思い。（清水紫琴「もつれ糸」）

その若い生涯の殆《ほと》んど全部を不治の病床生活に終って寂しく夭死《ようし》して仕舞った無名の天才画家のことを考えると、私は胸に釘をうたれたような苦しい痛みをかんずる。（萩原朔太郎「故田中恭吉氏の芸術に就いて」「月に吠える」より）

涙に暮れる

目が見えなくなるほど涙を流すことを「涙に暮れる」といいます。そのときだけ大泣きした場合にも使われますし、泣きながら毎日を送っている様子を表すときにも使われます。毎日泣いている場合には「泣き暮らす」という表現もあります。

▶奥方は、またひとしきり涙に暮れるのであった。（尾崎士郎訳「現代語訳 平家物語 第十二巻」）
田舎では、私は半労働をしながら創作を続け、妻は呪《のろ》われた自分達の運命を泣き暮らした。（佐左木俊郎「骨を削りつつ歩む―文壇苦行記―」）

血の涙

激しい怒りや強い悲しみなどで流す涙を「血の涙」「血涙《けつるい》」といいます。同じ意味に「紅涙《こうるい》」という表現もあります。赤でも「血」ではなく「紅」とするだけでイメージが変わりますね。「紅涙」には悲嘆による涙の他、女性の涙という意味もあります。

▶血のにじんでいる貴女の魂の歴史がしみじみと読める心地が致します。
貴女の詩には、血の涙が滴っている。（石川三四郎「蒼馬を見たり 序」）
眼にはいっぱいな紅涙があった。（吉川英治「日本名婦伝 静御前」）

泣きそぼつ

流した涙で頬が濡れることを「泣きそぼつ」といいます。「そぼつ」は「濡《そぼ》つ」と書き、びしょびしょに濡れるさまを表す語ですので、「泣きそぼつ」は頬をびしょびしょに濡らすほど泣きじゃくったときに使うとよいでしょう。「泣き濡れる」も同じ意味です。佐藤春夫は詩作品の中で「泣き濡れて」をしきりに反復させ、その悲しみの大きさを表しました。

▶何知らず空はかなしび、／鈍《にぶ》いろのまぶしたるみて／しのび音に日ぞ泣きそぼつ。（薄田泣菫「蛞蝓《なめくじ》」「泣菫誌抄」より）

泣き濡れて　秋の女よ／汝《なれ》があゆみは一歩一歩、／愛する者から遠ざかる／泣き濡れて泣き濡れて、（佐藤春夫「秋の女よ」「佐藤春夫詩集」より）

泣きの涙

非常に大きな悲しみや悔しさで涙を流すことを「泣きの涙」といいます。また、本当はそうしたくないけれど、泣く泣くそうせざるを得ない状況のときに用いられることもあります。「泣く」「涙」と二重表現のような言葉ですが、語を重ねることで意味を強めているのです。

▼何だってあなたが居なくなってからはまるで泣きの涙で日を暮らして居るんだもの、政夫さんに手紙をやりたいけれど、それがよく自分には出来ないから口惜しいと云ってネ。（伊藤佐千夫「野菊の墓」）

帰る時には、党の費用だといって、十円、二十円を請求する。泣きの涙で手渡してやると、「ダンケ」と言って帰って行く。（太宰治「花火」）

涙の雨

涙が雨のように激しく落ちることを「涙の雨」といいます。大きい悲しみの表現で「涙の雨を降らせた」というように使います。「涙に沈む」「泣き沈む」などもひどい悲しみを表す語です。野村胡堂は「身も浮く」ほど泣き沈んだという表現をしています。涙で身が浮くほどだというのですから、涙の雨量は尋常ではありません。

▼仕事も家族も失い、涙の雨に暮れる日々だった。（著者作）

身も浮くばかりに泣き沈むお霜を、平次も持て余して眺めるばかりでした。（野村胡堂「銭形平次捕物控 和蘭《オランダ》カルタ」）

滂《ぼう》沱《だ》の涙

「滂沱」とは雨が激しく降ることをいい、「滂沱の涙」は涙を激しい雨になぞらえた言葉です。やむことのない雨のようにとめどなく流れる涙を表現するときにぴったりの言葉です。

▶滂沱と流れる涙をどうしようもなかった。（吉川英治「源頼朝」）

涙は滂沱として、畳をぬらしていた。（吉川英治「日本名婦伝 小野寺十内の妻」）

よよと泣く

すすりあげるほど泣きじゃくるさまを「よよと泣く」といいます。液体がしたたり落ちるさまを「よよ」というのです。古語に分類される言葉だけに、見た目にも古風な印象を受けます。古めかしさ、雅やかさ、しとやかさなどを感じさせたいときに使うとよいでしょう。

▶よよとばかり泣きくずれていたあの小女のお弓の姿をみとめると、右門は黙ってそのほうを目顔でさし示しました。（佐々木味津三「右門捕物帖 血染めの手形」）

花子はワッと泣き叫んで自室へ駆けこみ、よよと泣き伏してしまった。（坂口安吾「お奈良さま」）

むせび泣く

息やのどがつまることを「むせぶ」といいます。「むせぶ」を使った落涙の表現に「むせび泣く」「涙にむせぶ」「泣きむせぶ」などがあります。いずれも、息をすることが困難なほど泣きじゃくったり、泣きながら途切れ途切れに話したりするようすを表した言葉です。衝動的で激しい悲しみの表現に適しています。

林の中はただむせび泣く声ばかり、風も出て来て、木はみなぐらぐらゆれましたが、仲々誰も泣きやみませんでした。（宮沢賢治「二十六夜」）

こんな報告をした女房らが、自分たちも、いっしょに死なせてほしいと泣きむせぶ様子も悲しかった。（紫式部 与謝野晶子訳「源氏物語 若菜（下）」）

袖《そで》を絞る

「袖を絞る」は「涙」「流す」「泣く」といったような語を一言も使わず、大泣きしたことを表す詩的な言葉です。流した涙を袖で拭き、その袖が絞れるほどだというのですから、並大抵の涙の量ではありません。もちろんそんなに涙は出ませんので、そのくらいの悲しみだったという換喩表現です。雅な雰囲気を醸し出す言葉です。

兎に角申し上げてしまったからには、どうなりともお計らいにお任せします、と、そう云って衣の袖をしぼるのであった。（谷崎潤一郎「三人法師」）

返すがえすも嬉しゅう存じます、と、これもそう云って墨染の袖を濡らすのであった。（谷崎潤一郎「三人法師」）

第3章

モヤモヤや怒りを表現したいときのことば

腹立たしかったり、なんとなくモヤモヤしたりなどの黒々とした感情は、日常生活のさまざまな場面で顔を出します。苛立《いらだ》ちから激怒まで怒りのレベルは色々ですが、すべて「ムカついた」「イラッとした」などで片付けてしまいがちではないでしょうか。その時々の感情に見合った細やかな表現を目指したいものです。

1 心に沸き上がる不快感

怒号をあげるような強く激しい怒りではなく、憂鬱や苛立ちやもどかしさなど、ふつふつと心に沸き上がる不快な感情の語を見ていきましょう。怒りを発散させないので、いつまでも靄《もや》のように心にまとわりつく、なんともやっかいな感情です。

歯がゆい 自分の想定したとおりにならず、もどかしくて苛立つ心の動きを「歯がゆい」といいます。漢字で書くと「歯痒い」です。もし歯がかゆくなったとしても掻くことはできません。想像するとその苛立ちがわかります。

かゆみを使った同じ意味の四字熟語に「隔靴掻痒《かっかそうよう》」があり、「隔靴掻痒の嘆《たん》」「隔靴掻痒の感」といった使い方がされます。靴の上から足を掻いても痒いところに届きません。もどかしさから苛立ちが募るようなときに使いたい言葉です。

さよは、「何故そんな上っ面で安心？　どうしてもう一皮、幸雄さんの心持の下まで切り下げないで安心なのだろう！」という、歯痒い歯痒い心持を、やっと、「幸雄さんはいい従兄を持って仕合わせね」という皮肉に洩した。（宮本百合子「心の河」）

あなたの胃腸のわるい原因がやっぱり胃腸から吸収されるものによって癒されるしかないことを思い、まことに隔靴掻痒の感です。（宮本百合子「獄中への手紙　一九三六年（昭和十一年）」）

もどかしい

前項の「歯がゆい」と同じ意味合いのことばに「もどかしい」があります。思い通りにならなくて苛立つ心の動きを表した言葉です。「助けてあげたいが禁じられているのでもどかしい」など、自分ではどうすることもできない状況を表現するときに使われます。

この語は日常的に使用していると思いますので、少し毛色の違う使い方も見てみましょう。

漢那浪笛《かんなろうてき》は吸い殻から漂う黄色い煙を、詩作品らしい修辞で「もどかしい黄色な煙」と表現しました。また、石川啄木が残した「もどかしさに似たるもどかしさ」という一文には表現しづらいほどの激しいもどかしさを感じます。

▼もどかしい黄色な煙は、／力なく渦をまいて漂う。（漢那浪笛「吸い殻」）

▼手を打ちて／眠気《ねむげ》の返事きくまでの／そのもどかしさに似たるもどかしさ！（石川啄木「悲しき玩具―一握の砂以後―」）

焦れる

思うように物事が進まずに苛立つさま、じれったいさまを「焦れる」といいます。「焦」の訓義は「あせる」です。「時間をすぎてもやってこないので焦れるばかりだった」など、焦って苛立っているときに使うといいでしょう。

また「焦らす」もよく使われる表現です。相手に期待させておいてなかなか実行に移さない様子です。こちらは自分が焦れるのではなく、相手の気持ちを焦らすのです。

▼ああ、焦れる、焦れる。これではわたしの年に一度の奉公休みも台無しだ。（岡本かの子「取返し物語」）

▼彼は話術の緩急を考え、猫が鼠をじらすように、たのしむのが好きであった。（坂口安吾「街

はふるさと」)

まだるっこい

歯がゆさやじれったさを「まだるっこい」「間怠《まだる》い」「間怠こしい」と表現します。歯がゆさとは使う場面が少し異なり、回りくどかったり面倒くさかったりする場合に使われることが多い語です。

▶「小説を、くだらないとは思わぬ。おれには、ただ少しまだるっこいだけである。たった一行の真実を言いたいばかりに百頁の雰囲気をこしらえている」(太宰治「葉」)

入《いれ》ものが小さき故に、それが希望《のぞみ》を満しますに、手間の入《い》ること、何ともまだるい。(泉鏡花「海神別荘」)

業を煮やす

想定通りに進行しなかったり、物事の決着がつかなかったりして、いらいらと怒るさまを「業を煮やす」といいます。「業」はもともと仏教用語で、人間の営みを成り立たせる「行動」「言動」「思考」の3つを指します。物事が進まなかったり埒《らち》が明かなかったりで、いらいらして業をぐつぐつ煮やすというわけです。「20分待ったが現れないので業を煮やして帰宅した」「社長に会議の進行を何度も妨げられ、社員は業を煮やした」といったように使います。

▶そして、そんな場合には、終いには知らず識らず走る、己れの菲薄《ひはく》性を宿命的に踏みつけるような妄想に駆られて、極めて漠然と業を煮やすのであった。（牧野信一「蔭ひなた」）

商用の旅から戻った大竜は再校がでないのに業を煮やして、しきりに電話で催促するがラチがあかない。（坂口安吾「左近の怒り」）

げんなり

うんざりしてやる気のなくなったときに使いたいのが「げんなり」です。「何度も聞かされてげんなり」「結果がでないのでげんなり」「暑い日が続いてげんなり」といったふうに使います。似た語に「うんざり」「飽き飽き」があり、飽きるほど経験させられたことによる拒否反応の意味を持ちます。これに対し「げんなり」は「あまりの甘さにげんなりした」など、初めての経験に対しても使われます。

▶無学な連中も、見あきるほど見たし――もうげんなりだよ。（アントン・チェーホフ 神西清訳「桜の園―喜劇 四幕―」）

いささかゲンナリしたのは、がんりきの百に、中納言は少し食過《しょくす》ぎる。（中里介山「大菩薩峠 椰子林の巻」）

つむじを曲げる

機嫌が損なわれたためにわざと意地悪を言ったり逆らったりするようすを「つむじを曲げる」といいます。似たことばに「冠を曲げる」「へそを曲げる」があり、いずれもすねたり意地を通したりといった意味合いを持ちます。「冠を曲げる」は「お冠」と表現されることもあります。

谷崎潤一郎がつむじを曲げているのは、芸術院そのものの性質が気にそまなくて冠を曲げているのではなく、電報一つで交渉されたのでは受けかねる。受けられるようにして話しをもって来てくれと云っている。（宮本百合子「雨の小やみ」）

「覚えていなければ話にならない。宜しい」と社長はもうお冠を曲げかけた。（佐々木邦「ガラマサどん」）

人間はそれぞれ感情もあり意地もあって、時には臍《へそ》を曲げたり毒口をきいたりしたくもなるものだ、（山本周五郎「評釈勘忍記」）

わたしはまるで女中同様で、そして御自分はさんざんふしだらをしていらっしゃるじゃありませんかと、そんなことを言い出しましてね、ひどくおかんむりなんです。（豊島与志雄「庶民生活」）

癇《かん》に障る

他人の言動や行動が気に入らなくて腹が立つことを「癇に障る」といいます。また、同じ意味で「癪《しゃく》に障る」という言葉もあります。「癇」と「癪」2字を合わせると「癇癪」ですね。ちなみに「癇癪に障る」という表現もあります。いずれも他人の言動などが気に入らなくてかちんと来たときに使われる言葉です。

おつねは横眼でおしのを見た。子供のことを云われたのが癇に障ったらしい、だがなにも云わずに化粧を続けた。（山本周五郎「雪と泥」）

宗教がいるかいらないかそういう事は知らぬけれど、僕は小供のうちから宗教嫌いで、二十歳前後の頃は、宗教という言葉を聞いても癪に障るほどであった。（正岡子規「病牀苦語」）

私は、意地悪るをする友達などに出遇うと、ついこの間までは癇癪に触ると到底力では敵わないことは解っていても我無しゃらに組みついて行ったが、何時の間にかあの空想で腹を肥し、不遜な自尊心を育くみ、秘かにあの夢を想い描いて満足した。（牧野信一「毒気」）

託《かこ》つ

不平や不満がありぶつぶつと文句をいうことを「託つ」といいます。ぼやく、愚痴をこぼす、不平を並べるなど、身近なことばでの言い換えは色々ありますが「託つ」と表現すると古風な空気が漂います。

▶ 嗚呼《ああ》憂に沈むものよ／嗚呼不幸をかこつものよ／嗚呼冀望《きぼう》の失せしものよ／春陽の期近し（内村鑑三「寒中の木の芽」）

なるほどとは思ったようなもののその時から、とうとう失恋の果敢《はか》なき運命をかこつ身となってしまった。（夏目漱石「吾輩は猫である」）

けだるい

ものすごくつらいわけではないけれど、なんとなくつらい。なんとなく気持ちが晴れ晴れしない。なんとなく身体がだるい。こういう微妙な感覚の表現に使ってみたいのが「けだるい」です。「けだるい雨の午後」「けだるそうな横顔」などとすると、どことなくアンニュイなイメージが表現できます。

また、けだるさは一概に不快とも言えない部分もあります。プールのあとに受ける授業に、なんともいえない心地よいけだるさを感じた経験のある方も多いのではないでしょうか。坂口安吾は「けだるい快感」という表現で、けだるさの不思議な側面を言葉にしました。

あたかも奴隷の敵愾心《てきがいしん》でもあるかのように、タツノの痩《や》せた肉体が彼の劣情の対象となり、その醜悪な新鮮さを夢の心持で追いまわすのが、小春日和のそぞろ歩きを思わすようなひどくけだるい快感を与えた。（坂口安吾「老嫗面《ろううめん》」）

庭は庭として、わが石田家の人々のうえにも、けだるい暑気がおとずれた。（久生十蘭「我が家の楽園」）

物憂《う》い

「物憂い」は「けだるい」と似た意味をもつ言葉です。「けだるい雨の午後」「物憂い雨の午後」というように「けだるい」と同じ使い方ができますが、注意点があります。「身体がけだるい」という表現に違和感は覚えませんが「身体が物憂い」というとひっかかりませんか？　これは、「憂」が心配や悩みなどの心の様子を表すことばだからです。「けだるい」は身体寄りの表現、「物憂い」は心寄りの表現に使うのがいいでしょう。

▶こういう一段を読んでおりますと、何かレクイエム的な――もの憂いような、それでいて何となく心をしめつけてくるようなものでいつか胸は一ぱいになって居ります。（堀辰雄「伊勢物語など」）

部屋に帰った関枝は、もの憂い心で新聞の頁を繰った。（山本禾太郎《のぎたろう》「仙人掌《しゃぼてん》の花」）

気ぶっせい

気詰まりな状態に置かれたり、気にかかることがあったりして、すっきりしない心の状態を「気ぶっせい」といいます。もとは「気塞《きぶさ》い」という言葉でした。気分が塞いでいて憂鬱な状態という意味です。

▶御米は小六と差向《さしむかい》に膳に着くときのこの気ぶっせいな心持が、いつになったら消えるだろうと、心の中《うち》で私《ひそか》に疑ぐった。（夏目漱石「門」）

ほかの町内の風呂というのはなんとなく気ぶっせいなもので、無駄口をたたきあう知った顔もないから、濡手拭いを頭へのせてだんまりで湯につかっていると、ふと、こんなモソモソ話が聞えてきた。（久生十蘭「顎十郎捕物帳 蠑螈《いもり》」）

せわしい

やるべきことがたくさんあって落ち着かない状態を「せわしい」といいます。「気せわしい」「心せわしい」と感情を強調した表現もあります。「せわしい」は古語の「せはし」が由来です。漢字で書くと「忙しい」なのですが、「いそがしい」を全て「せわしい」と言い換えることはできません。「お忙しいところ恐れ入りますが」とはいいますが「おせわしいところ〜」とは言いません。「公私ともにいそがしい」と言えば充実した日々を思わせますが、「公私ともにせわしい」だと時間に追われて消耗する日々を想像してしまいます。

「いそがしい」は気持ちを含まない描写でもあり、ネガポジどちらの感情にも合わせられますが、「せわしい」はポジティブな意味合いで使われることはまずありません。「ご活躍で毎日せわしそうですね」などと言ったら相手をバカにしているようにも聞こえます。「せわしい」は慌ただしく落ち着かない、せかせかしているなど、ネガティブな印象を与えます。

▶家敷町で、この近処に何もそう、せわしい商売をして居る家もないので暮《くれ》らしい気持もしない。（宮本百合子「午後」）

召仕いもなき侘び住居は、なにやらかやら心せわしいことでござるのう。（岡本綺堂「平家蟹」）

かまびすしい

音や声がうるさく不快であることを「かまびすしい」といいます。「耳障り」

という意味を含むので、単に大きな音がしている状態ではなく、煩わしかったりイライラさせられたりと不快な感情を伴うときに使うのがおすすめです。

▼月にほのめいた両京二十七坊の夜の底から、かまびすしい犬の声を圧してはるかに戛々《かつかつ》たる馬蹄《ばてい》の音が、風のように空へあがり始めた。（芥川龍之介「偸盗」）

かかずらう

なにかにかかわってしまい、心が離れなくなるようすを「かかずらう」といいます。「関わる」に近い意味ですが、「悪事にかかずらう」「かかずらう必要はない」など、強いこだわりや負の感情が伴うときに使います。

▼小説道にかかずらう以上は、かの日本首相の如く単純であってはイカンのである。（坂口安吾「我が人生観（七）芥川賞殺人犯人」）

▼とはいえ、学識あり、才能あるものが、いつまでか一少女の情にかかずらいて、目的なき生活《なりわい》をなすべき。（森鷗外「舞姫」）

毒気《どっき》に当てられる

予想すらできないような突拍子もない行いに呆然とすることを「毒

気に当てられる」「毒気を抜かれる」「毒気を削がれる」といいます。

「毒気」とは悪気のことです。他人の心をいたずらに傷つけるような行動や思考、良くない作用をもたらすものを指します。自分の毒気が全部吹き飛んでしまうほど、相手の行動に驚かされたりあきれたりしたときに使います。

▼無邪気ならいっしょに笑ってもいいが、こりゃなんだ。小供の癖に乙《おつ》に毒気を持ってる。（夏目漱石「坊ちゃん」）

「今は昔より下落したと云うのかい。ハハハハハ」と道也先生は大きな声を出して笑った。妻君《さいくん》は毒気を抜かれて口をあける。（夏目漱石「野分」）

わだかまる

心に残って消えない嫌な感情や考えを「わだかまる」といいます。輪のようにくちゃくちゃと絡《から》まった状態や蛇がとぐろを巻いた形といった意味もあり、「泡のわだかまり」など風景や状況の説明に使われることもあります。感情の表現としては、長年引きずっているモヤモヤといったところでしょう。爆発する怒りではないにせよ、なかなか解《ほど》くことのできない絡まった思いです。

▼彼方《かなた》広い空にわだかまる銀の雲を、／目がけて歩む、／ひとりの旅人か。（福士幸次郎「展望」）

▼宇治の心の底にかねてから漠然とわだかまるある想念が、此の時初めてひとつのはっきりした形を取りはじめたのである。（梅崎春生「日の果て」）

含むところがある

怒りや不満や恨みなど、反発の感情を心の中に持ち合わせていることを「含むところがある」といいます。「含むところがある言い方だった」「私も含むところがありまして」といった使い方をします。意味合いは前項の「わだかまる」と同じだと考えていいでしょう。

▼来る早々から何か含むところがあるような態度で、私には好意は持てたが変に不審な気のする客であった。（橋本五郎「撞球室の七人」）

恨むらくは

「恨むらくは」は「残念なことには」「恨めしいことには」といった意味です。「恨むらくは私の学力が足りないことだ」「恨むらくは裏切り者のあいつだ」というように、恨めしい対象に係るように使います。

恨むらくは少しく古今の書籍を読んで、やや事物の真相を解し得たる主人までが、浅薄なる三平君に一も二もなく同意して、猫鍋《ねこなべ》に故障を挟《さしはさ》む景色のない事である。（夏目漱石「吾輩は猫である」）

疎《うと》ましい

好感が持てずに不愉快に感じることを「疎ましい」といいます。鬱陶しさや煩わしさなどに対しても使われます。近い意味の語に「厭《いと》わしい」があり、どちらも人間関係、体調、環境など、さまざまなものに対して使われます。それを遠ざけたい、なるべく関わりたくないといったときに使うといいでしょう。

私が年が違い過ぎるなと云ったら、太宰さんはちょっと疎ましい顔つきをした。（小山清「風貌―太宰治のこと」）

冬の荒い北風、幾度かその上に転んだ深い雪、風の雨戸に鳴る音さえ、陰気ではあるが私にとって決して厭わしい思い出ではない。（宮本百合子「素朴な庭」）

おぞましい

強い嫌悪をもよおすことを「おぞましい」と形容します。「おぞましい事件」

「口にするのもおぞましい」など、ぞっとするほど下劣・残酷・醜悪といったときに使う言葉です。「おぞましい」は気性の荒さやたけだけしさを表す語でもありますが、現代ではこの使い方はほとんどされなくなりました。

▶この二人組は須《すべから》く純朴な人々に忌まれ、敬遠され、その裏にあるおぞましい蛮行が噂されました。（H・P・ラヴクラフト Morishous T.H.E creative 訳「錬金術師」）

面《つら》憎い

顔を見るだけでも憎らしさを覚えるときに使いたい語が「面憎い」です。「つらにくい」の他、「おもにくい」と読むこともあります。顔を見るだけでも……なので、瞬間的に湧いた嫌悪感ではなく、普段から憎しみを感じている相手に使う言葉です。「疎ましい」と似た意味ですが、「面憎い」は面《かお》のある人間（擬人化を含む）に対してのみ使われます。

▶「なにッ。下手からとは何じゃ！ その言い草が面憎い！ こっちへ出い！」（佐々木味津三「旗本退屈男 第十一話 千代田城へ乗り込んだ退屈男」）

煮え切らない

態度があやふやではっきりしないさまを「煮え切らない」といいます。

文字通り、鍋が煮えきっていない様子から生まれた表現です。中途半端な相手に苛立ちを感じているときに使うといいでしょう。「優柔不断」と言い換えることもできます。いずれも相手に対する非難の気持ちを感じさせます。

「どうも煮えきらない男ですわい」と父親はそれとなく言った。（田山花袋「蒲団」）

「君もご存じのように、ハムレット王家の血の中には、優柔不断な、弱い気質が流れて居ります。（太宰治「新ハムレット」）

❷ 表情や声に表れる怒り

ふつふつと湧いた不愉快な気持ちは放置しているとたちまち育ち、隠していたはずなのにいつのまにやら表に出てきてしまいます。表情になって表れたり、興奮した態度をとったり、大きな声を上げたり。心に秘めておくことができない怒りや嫌悪の言葉を見てみましょう。

腸《はらわた》が煮え返る こらえられないほどの激しい怒りを表す慣用句に「腸が煮え返る」があります。さらに怒りを強めた表現に「腸が煮えくり返る」があります。比べてみると「くり」が入るだけで怒りの印象が強くなるから不思議ですね。伊藤佐千夫は「腸が煮え返る」「腸が煮えくり返る」どちらでもまだ言い足りなかったのか「腸が煮えかえってちぎれる心持ち」とさらに意味を強めた表現をしました。

私は叱られはしなかったが、そんな小言を通りすがりに耳にして、腸の煮え返る気がした。
（折口信夫「花幾年《はないくとせ》」）

実に腸が煮えくり返るようだが、何を云うにもソウいう相手にお願いしなければ取締りが出来ないのだから止むを得ない。（夢野久作「爆弾太平記」）

かれらが失望落胆すべき必然の時期はもはや目のまえに迫っていると思うと、はらわたが煮えかえってちぎれる心持ちがする。（伊藤左千夫「老獣医」）

目くじらを立てる

他人の粗を探そうと躍起になったり、些細《ささい》なことに腹をたてたりするさまを「目くじらを立てる」といいます。「目角《めかど》を立てる」「目口を立てる」ともいいます。「目くじら」とは目尻のことで、目がつり上がっている状態です。「目がつり上がる」も怒りの表現に使う言葉です。

見ると、件の婦人が目くじら立ててこちらを睨《にら》んでいた。（薄田泣菫「茶話 初出未詳」）

彼等は目角を立てて怒るだろう、／そして云うだろう、「大自然の心を知らない、／堕落した人間の余計な僻《ひが》みだ」と。（与謝野寛「南洋館」）

ミネはよく泣いた。目をつり上げて相手をはりとばし身をひかすことでその問題をのりこえた。（壺井榮「妻の座」）

むかっ腹を立てる

おさえきれない怒りや腹立たしさなどの表現に「むかっ腹を立てる」があります。「腹を立てる」よりも怒りの度合いが強く感じられる表現です。

その上彼はどんな時にでもむかっ腹を立てる男ではなかった。（夏目漱石「明暗」）

やけっ腹を立てる

やけを起こして怒り出すことを「やけっ腹を立てる」といいます。「やけ」は「自棄」のことで、自暴自棄になって腹を立てている様子です。同じ意味の「やけっぱち」はなじみのある言葉ではないでしょうか。

「ねえ、とど助さん、お聞きになりましたか。人を殺すのに名乗りをかけてからやるやつもないもんだが、しかし、そんな気狂いじみたあぶれ者ということなら、やけっ腹になってどんなことをしでかさないともかぎらない。これは、チト物騒ですな」（久生十蘭「顎十郎捕物帳 猫眼の男」）

「俺たちは行動だ」
と、やけっぱちの叫びを俺はあげたものだ。（高見順「いやな感じ」）

くだを巻く

不平不満をぐずぐずと言い続けることを「くだを巻く」といいます。「酒を飲んでくだを巻いた」など、主にアルコールをともなっての言動に使われます。また、同じことを何度もしつこく繰り返すことを「くだくだしい」とも言います。こちらはお酒の有無を問わない表現です。

▶紳士はそこでつづけさまにウイスキーの小さなコップを十二ばかりやりましたらすっかり酔いがまわってもう目を細くして唇《くちびる》をなめながらそこら中の人に見あたり次第くだを巻きはじめました。（宮沢賢治「氷河鼠の毛皮」）

この以上にわたしのくだくだしい説明を加えないでも、江戸時代における木曾路のすがたは大抵想像されるであろう。（岡本綺堂「鼠」）

青筋を立てる

「青筋」とは静脈のことです。顔に静脈が浮き出るほど激しい怒りにかられているようすを「青筋を立てる」といいます。漫画の表現にある額の怒りマークは、まさにこの「青筋」です。ブチッという擬音が入れられて、怒りで血管が切れている描写もありますね。

▶「いくらなんでも、棄ててくるというのはひどすぎるよ。つい忘れてくるんだから仕方がないじゃないか」といって青筋を立てた。（山之口貘「雨あがり」）

いきり立つ

激しく怒り、見た目にもその興奮の度合いが分かるさまを「いきり立つ」といいます。漢字では「熱り立つ」と書き、湯や油などがぐらぐらと煮え立っているという意味もあります。身体中の血が煮えたぎるほどの怒りを感じたとき、「いきり立つ」を使ってみてはどうでしょう。

「ひとを馬鹿にするにもほどがある」と村民がいきり立つのも無理はなかった。（犬田卯《しげる》「瘤」）

気《け》色《しき》ばむ

怒りの感情で表情を変えることを「気色ばむ」といいます。心の中にあった気持ちが表情ににじみ出てきた状態です。「ばむ」は「汗ばむ」に使われるように「表に出てくること」を指します。似た言葉に「色をなす」という表現もあります。こちらもやはり顔色を変えて怒ったときに使います。

青年はべつに気色ばむことはなかったが、機嫌のよい類の色をしていた。（室生犀星「津の国人」）

人々のいる面前であるというのに思わず色をなして詰《なじ》ったりする、そういう告白的な飾らざる態度が特別深い人生のわけもないだろう。（坂口安吾「枯淡の風格を排す」）

苦虫を噛み潰したよう

慣用句「苦虫を噛み潰したよう」はまるで苦い虫でも噛んだかのような、非常に不愉快な表情を表した語です。苦虫とはなにか特定の虫を指すのではなく、想像上の虫だとされます。昔は今のように冷暖房も網戸もありませんでしたから、生活圏内に虫が多くて口に飛び込んでくることもあったのかもしれません。苦いだけではなくそもそも虫ですから、噛み潰したことを想像するだけで声をあげそうになります。この語は「顔をゆがめる」とか「眉をひそめる」といったレベルを超えた、非常に不愉快な表情に対して使うのが相応しいでしょう。

けれども、苦虫を噛み潰したような顔をしているその友人は、中々こんな事で承知しそうもないように思われたので、新聞社長は再びせっせと堆高《うずたか》い書類を漁らねばならなかった。
（甲賀三郎「支倉事件」）

煮え湯を飲まされる

信頼していた相手に裏切られ痛い目にあうことの慣用句に「煮え湯を飲まされる」があります。「母から煮え湯を飲まされた」「○○部長は部下に煮え湯を飲まされた」といったように自身に対しても他人の描写に対しても使えます。

煮え湯を飲むような気がした。まさか、と思った。知らせてくれた学生を、かえって憎んだ。
（太宰治「東京八景（苦難の或人に贈る）」）

恨み骨髄に徹する

心の底に達するほどの深い恨みを「恨み骨髄に徹する」といいます。

身体の中心部分、身体の一番深いところを「骨の髄」と表現します。その部分まで到達しているのですから、これ以上ないほどの根深い恨みのときに使うといいでしょう。

▶恨み骨髄に徹するほどいじめられた教師にたたきこまれた知識が、いまだに生きていて役に立っていることもある。（永井隆「ロザリオの鎖」）

弓を引く

反抗心や敵対心を持っている相手に対し、逆らう行動を起こすことを「弓を引く」といいます。戦乱の世には実際に弓を引いたでしょうが、現代では言葉で攻撃したり、裏から手を回して陥《おとしい》れたりといったところでしょうか。「彼は讒《ざん》言《げん》を触れ回ることで、上司に弓を引いた」といったように、なんらかの形で反抗することを「弓を引く」というのです。

▶天《あめ》若《わか》日《ひ》子《こ》こそは、天《てん》の神々に弓引いた罪ある神。（折口信夫「死者の書」）

③ 人を叱るときの表現

「怒る」は自分のため「叱る」は相手のため——という言葉を聞いたことがあるでしょうか。

「怒る」は怒りをあらわにしたり不愉快を人にぶつけたりすることですが、「叱る」は相手の成長を考えて厳しい言葉をかけることです。愛や思いやりといった感情が根底にあるのです。この節では単なる怒りではなく、悪癖や悪行を正すための説教や糾弾など、相手を「叱る」行為に注目してみました。

戒める

悪事や失敗を叱るのではなく、悪いことをしないようにあらかじめ注意をしておくこと、前もって諭しておくことを「戒める」といいます。戒めがあるからこそ、道を踏み外さずにすむわけです。他人を戒めることもありますが、自分自身を戒めることもあります。正しく清潔な生き方の印象を与えます。

「お前の母が今死んだのは、偶然ではないのだ。母はお前を戒めるのだ、教訓を垂れて下すったのだ」（谷崎潤一郎「痴人の愛」）

叱咤

大声で叱ることを「叱咤」といいます。「叱」も「咤」も訓読みするとどちらも「しかる」です。しかるを二字重ねているのですから、とても厳しく叱り飛ばしているイメージです。また、この語には大声で激励するという意味もあり「叱咤激励」の四字熟語もあります。叱ったり励ましたりしながら相手を元気づけるときに使う言葉です。

歴史の大人物と作者との差を千里万里も引き離さなければいけないのではなかろうか、と私はかねがね思っていたところに、兄の叱咤だ。（太宰治「鉄面皮」）

「ある点では、――いや形の上ではすべての点で、そうなっていくかもしれないね。しかし、時代に流されながらも愛情だけはたいせつに育てていくということを忘れない点で、ただやたらに叱咤激励する連中とは根本的にちがっているよ。」（下村湖人「次郎物語 第五部」）

油を絞る

これでもかというほど悪行や失敗を責めて叱ることを「油を絞る」といいます。種子などを器具に挟んで、ぎゅうぎゅうと油を搾り取ったことが語源で、「こってりと油を絞られた」といった使い方が一般的です。あとにはなにも残らないほどがっつりと叱られたときに使いたい言葉です。（※油の搾取は「搾る」と書き、叱責を表すときは「絞る」と書きます）

「また油をしぼられるんじゃねえかな、」ことし大学を卒業してすぐに海軍へ志願する筈になっている松野君も、さすがに腐り切っているようであった。（太宰治「不審庵」）

お灸を据える

きつく叱って懲らしめることを「お灸を据える」といいます。「お灸」は火をつけたモグサを人体のツボに置く治療です。その熱さと苦しさになぞらえて、この表現が生まれました。思わず悲鳴を上げたくなるような強い叱責に似合います。

▶おじさんはそれでも二週間ばかり拘留された。警察側としては、一寸お灸をすえたわけなのだろう。（小山清「おじさんの話」）

口を酸っぱくする

しつこいほど何度も繰り返して注意することを「口を酸っぱくする」といいます。「厳しく叱る」ときではなく「しつこく叱る」「しつこく忠告する」ときに使う表現です。

▶こないだから口がすっぱくなるほどいったじゃござんせんか！（佐々木味津三「右門捕物帖　お蘭しごきの秘密」）

「ええ、それはお聞きくだされば̶どんなにでもお話はしましょうとも。けれども天からわたしを信じてくださらないんならどれほど口をすっぱくしてお話をしたってむだね」（有島武郎「或る女」（後編））

大目玉を食らう

目上の人から強く叱られたときの表現に「大目玉を食らう」があります。目はさまざまな感情を語ります。この場合は、大きく見開いた目で厳しく叱られるということです。「お目玉を頂戴する」と敬語表現することもあります。

▶「おいらが迎えに来たんだから帰ってくんな、お前を連れて帰らねえと、また、おいらが親方から大目玉を食うんだからな」（中里介山「大菩薩峠 不破の関の巻」）

例の一件ネ、あの話が出て、可恐《おそろ》しい御目玉を頂戴した。（島崎藤村「家（下）」）

雷

目上の者が声をあげて叱ることを「雷」を落とすと言います。上からの叱責を、上空からの雷に見立てた表現で「父の雷が落ちた」といった使い方をします。雷鳴をとどろかせるほど厳しく叱られたとしても、そのあとはカラッと晴れ上がっているのが理想的ですね。

▶少しの過失に対しても、はげしい雷を落しました。（小酒井不木《こざかいふぼく》「安死術」）

諫《いさ》める

目上の者が叱り、目下の者が叱られる——叱責の多くはこの構図だと思いますが、逆の場合もあります。下の立場の者が目上の人に対して忠告したり、戒めたりする行為を「諫める」「諫言《かんげん》」といいます。

▼若《も》し諫める機会があったら、諫めて陰謀を思い止《と》まらせよう。（森鷗外「大塩平八郎」）

諫言も間に合わないし、また無言でいるのも、一つの諫言になるからであろう。（吉川英治「三国志 赤壁の巻」）

痛棒をくらわす

容赦なく叱って懲らしめることを「痛棒をくらわす」といいます。「痛棒」とは坐禅を組んでいるときに雑念がある者を打ち据える棒で、「警策《きょうさく》」とも呼ばれる道具です。打つのはあくまで慈悲の心によるものであって、憎悪からではありません。しかし「強盗に痛棒をくらわした」といった使い方もされるので、慈悲云々は抜きにして悪事を働いている者を懲らしめるときに使ってもよいでしょう。

▼今度のことを、廃頽《はいたい》しかけた日本の文化に天が与えた痛棒であると云う風に説明する老人等の言葉は、そのまま私共に肯《うけが》われない或るものを持っている。（宮本百合子「私の覚書」）

他の訳者もそれぞれ痛棒を喰わされはしたが、『小さなイヨルフ』を訳した三浦文学士（？）は割合に褒められた。（宮原晃一郎「イプセンの日本語訳」）

第4章 人や物を悪く言うトゲのあることば

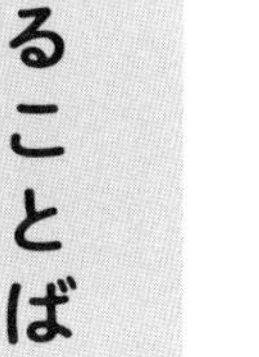

だれかの行動が腹立たしかったり、積年の恨みがあったり、明確な理由はないけれど毛嫌いしていたり。負の感情が育つと、批判や悪口となって口から出てしまいます。思わず出てしまうときもあれば、意識的に言葉にすることもあるでしょう。そんなときに使うトゲのある言葉をこの章に集めました。

嫌味のつもりが相手にとってはほめ言葉、ほめたつもりが相手にとっては悪口になることがあり、これが悪口やほめ言葉の難しさでもあります。例えば「ど田舎」という一語をとってみても、田舎好きな人と都会好きな人では受け取り方が違うはずです。

また、言葉には多面性があり、文脈により悪口にもほめ言葉にもなります。例えば「古めかしい」という語に「古き良き時代の」といったプラスの意味をこめることもできますし、「時代遅れの」というマイナスの意味を持たせることもできます。悪口・ほめ言葉、両方の意味で使えそうな語はそれぞれの文例も取り上げました。

❶人の行動や状態に対する悪口

「彼はバカなことをした」という一文は、彼の人格や性質をバカだといったわけではありません。彼は理知的な人かもしれませんが、彼の取った行動は愚かだった。その行動についてバカだと批判した言葉です。このように、人物そのものを否定するのではなく、行動や状態を悪くいう表現を集めました。

月並み ありふれていて価値がないことを表す言葉に「月並み」があります。月例の決めごととして行われる行事を「月並み」と呼ぶことから生まれた表現です。まるで月例行事のようにありふれていて、新鮮味もありがたみもないということです。「月並みな意見しか言わない」「最新作といいながら月並みな内容だった」など、否定的な意味合いで使われます。同じ意味の語に「ありきたり」があります。漢字では「在り来たり」と書き、元からあることを指します。目新しさがなく、平凡でつまらないという意味で使われます。

▶「花が散って雪のようだといったような常套《じょうとう》な描写を月並みという。」（寺田寅彦「夏目漱石先生の追憶」）

「青ざめた顔」はむしろ月並みです。しかし、僕は「赤い咳」という表現を出すために白と青を持って来たのです。（織田作之助「吉岡芳兼様へ」）

平々凡々

「平々凡々」は「平凡」の字をそれぞれ重ねて意味を強めた言葉です。「平凡な日々」よりも「平々凡々な日々」といったほうが、単調で平坦なつまらない日常なのだと感じさせることができます。似た言葉に「凡庸《ぼんよう》」があります。

可もなく不可もない、大きな喜びはないけれど不幸な出来事もない。そういった人生が一番難しく、最も幸せであるとはよくいわれますが、「平々凡々」は決してほめ言葉にはならないのが言葉の難しいところです。

▼新しい内閣ができると、新大臣は例外なく評判がいい。それがしばらくたつと、平々凡々ということになる。（岸田國士「一国民としての希望」）

彼は凡庸な詩人のように、感覚を愛した。象徴を愛した。歌を愛した。（横光利一「冬彦抄」）

金魚の糞《ふん》

「金魚の糞」は、人に付き従って離れないさまを表す語です。排泄されたあとも金魚から離れず、尻にぶら下がってフラフラついて回る糞。そのさまと人の姿を重ね合わせたのです。主従関係だけではなく、弟妹が兄姉のあとを付いて歩く様子や、ペットが飼い主の後追いをするようなさまなどにも用いられます。

中谷宇吉郎は上下関係のない仲間3人の行動に「金魚の糞」を使いました。「金魚の糞」と聞いて頭に浮かぶのは「金魚と糞」の図ですが、中谷の作品は金魚不在で「糞」だけの状態です。また、織田作之助は人間関係ではなく、偶然が続くさまを「金魚の糞」に喩えて面白く表現しています。

似た語に「腰巾着」「根付衆」があります。人について回るさまを巾着や根付に見立てた言葉です。

しかしわれわれ二人は、金がないというのが主な理由で、だいたい神妙に、毎晩学生食堂でめしを食って、夜は本を読んでくらしていた。昨年学士院賞をもらった数学者のO君も私たちの仲間で、いつでも三人金魚の糞のようにつながって、別棟の食堂へ通ったものであった。（中谷宇吉郎「温泉2」）

偶然の面白さというものは、こいつが続き出すときりがないという点にある。余り上品でない比喩を使って言えば、偶然というやつは、まるで金魚の糞のようにゾロゾロと続くものなのである。（織田作之助「夜光虫」）

「あんな卑屈な奴に……課長の腰巾着……奴隷……」（二葉亭四迷「浮雲」）

「根附の様に祖母のあとを追廻していた自分はよく土蔵の中に随《つ》いて行ったものであった。（阿部次郎「三太郎の日記 第一」）

湿っぽい

まるで湿度が高いかのように陰気な状態を「湿っぽい」といいます。じめじめとした場の空気、会話の内容や発言などに対して使われる表現です。似た意味の語に「辛気くさい」「陰気くさい」があります。どちらも気が滅入るような空気感のときに使われる言葉です。湿っぽさが心地よいときもありますが、一般的には否定表現だと考えていいでしょう。

▶ 靴の中のじめじめよりは、心の湿っぽいのが、一層悲しいのだ。（豊島与志雄「山上湖」）

よりによって順平のお母が産気づいて、例《いつ》もは自転車に乗って来るべき産婆が雨降っているからとて傘さして高下駄はいてとぼとぼと辛気臭かった。（織田作之助「放浪」）

明治時代の女官のような時代おくれな顔をした、日蔭の花のような陰気くさい女で、蒼ざめたこめかみに紅梅色の頭痛膏を貼り、しょっちゅう額をおさえてうつ向いていた。（久生十蘭「昆虫図」）

古めかしい

いかにも古そうな事物の形容に「古めかしい」があります。『精選版　日本国語大辞典』では「古めかしい」の用語解説に「いかにも年寄りじみている。老人くさい。」「清新な魅力がない。陳腐である。」との項目を入れています。ほめ言葉として使われることもありますし単なる描写の場合もありますが、古いわけですからどちらかといえばネガティブ寄りの言葉なのでしょう。ほめ言葉としての使用例、けなし言葉としての使用例、両方の文例を取り上げましたのでご覧ください。

■単調な、素朴な、そしてなんとなく神秘なその風琴の舞踏曲が、古めかしい民謡のもつ独特な世界へ人々の心を惹き入れました。（岸田國士「カルナツクの夏の夕」）…ほめ言葉としての使用

その纖維は余りに固く、その味はあまりにも単一で古めかしい。（夢野久作「探偵小説の真使命」）…けなし言葉としての使用

よろしく斯《かか》る古めかしい田舎者の小説などは弾劾すべきが順当ならんという冷笑の風が吹きまくっていた。（牧野信一「喧嘩咄」）…けなし言葉としての使用

もの寂びる

どことなく寂しい、なんとなく古くてみすぼらしい――「もの寂びる」は、どことなく・なんとなく漂う古めかしさを表現したいときの言葉です。「みすぼらしい」というマイナスの意味が込められているときもありますし「趣がある」というプラスの意味で使われることもあります。岸田國士は「物寂びた豊かな眺め」と表現し、寂し気な眺めを豊かであるとしました。

▶幽邃《ゆうすい》とは云えぬが、物寂びた豊かな眺めである。（岸田國士「北支物情」）…プラスの意味で使用

漏る灯《あかり》の影暗く、香烟《こうえん》窓を迷い出で、心細き鈴の音、春ながら物さびたり。（高山樗牛「瀧口入道」）…マイナスの意味で使用

ひなびる

「ひなびる」は一般的に「ひなびた路地」「ひなびた店」「ひなびた町」といったように人間以外のものを修飾する語で、多くの辞書には「田舎風の野暮ったい雰囲気を持つもの」といった意味が書かれています。良い意味の言葉ではないのですが、文学作品では田舎の奥深い魅力を表すときなど、良い感情を込めた使用も多く見られます。とはいえ、ひなびた町の住人に「ここはひなびてますね」などと言うことはないでしょうから、やはり誰もが「ひなびる」は負の表現だと感じているのでしょう。趣のある田舎の風景を見たときに「ひ

なびた」を賞賛の意味で使えば、味わい深い一文となるでしょう。

ロシアの売春婦のような鄙《ひな》びた洋装。（林不忘「安重根―十四の場面―」）
…けなし言葉としての使用

それには、造園技巧がないだけに、却ってもの鄙《ひな》びた雅致があった。（小栗虫太郎「後光殺人事件」）
…ほめ言葉としての使用

鼻が曲がる

けた外れに臭いときの表現に「鼻が曲がる」があります。嗅いだだけでむせてしまうような臭《にお》い、嗅いだ瞬間「くっさ！」と思わず声を上げてしまうような臭いに対して使われます。「臭い」という語を使わずに悪臭を表現するところに、日本語の面白さを感じます。

「ウッ！　今日は、とても堪らない、ウーッ、酷い、酷い！　鼻が曲りそうだ。」と叫んで彼女は、己れの鼻や口のあたりの空気を勢急に払いのけることがあった。（牧野信一「毒気」）

臭い

前項の「鼻が曲がる」は「臭い」と言わずに悪臭を表現する修辞でしたが、色々な言葉に「臭い」をつけて悪口に変えてしまうのも、また日本語の面白さです。

「老人」→「老人臭い」、「田舎」→「田舎臭い」、「貧乏」→「貧乏臭い」、「金持ち」→「金持ち臭い」など、ただの描写だったものが「臭い」をつけたとたん罵りに変わります。

「駅を降りると田舎の風景が広がっていた」というと称賛にも否定にもとれますし、単なる描写ともとれます。しかし「降りた場所は田舎臭い土地だった」としたなら、どうでしょう。肯定のニオイは感じなくなります。自分なりに色々な語に「臭い」をつけて、ののしりの表現として取り入れてみるのも面白い試みかもしれません。

▼年頃は二十五、六であったが、如何にも年寄り臭い顔つきをしていた。（小山清「桜林」）

私が行って見ると田舎臭い白粉をごてごてと塗った四五人の女が、ゲラゲラと笑って、「まあ、落したんですって……あんまり気前好く振り撒いたので気まりが悪いんでしょう。」と、その時の岩城の容子を話した。（牧野信一「老猾抄《ろうかつしょう》」）

悪趣味

下品な趣味を持っていたり、人が嫌がることをわざとしたり。そんな行為やその人物を「悪趣味」「趣味が悪い」といいます。統一性がない装飾や成金趣味など、文字通りの「趣味」をさすこともありますし、醜悪、下品、不道徳などの行いをさすこともあります。

また行動だけでなく、相手の人格や生き方を否定するときにも使われる言葉です。

▶現代社会のあらゆるところに唾棄すべき悪趣味が氾濫しているのは、多くはここに原因があると思います。（岸田國士「日本人のたしなみ」）

無風流

風流の分からない人やそのさまを「無風流」といいます。「無粋」「野暮」などが同じ意味の言葉です。要は「風流でない」という意味ですが、風流という概念も一言ではなかなか説明しづらいものです。

「風流」を具体的に言えば、世俗から離れて暮らしていること、自然の営みを感じられること、芸術を愛していることなどがあげられるでしょうか。こういったことを理解できる人を「風流人」といい、逆の人を「無風流」というのです。

▶その頃からもう神経衰弱であったせいか、むしろ話の下手くそな、無風流な人であった。（堀辰雄「（芥川龍之介の書翰に就いて）」）

▶むろん、木橋はコンクリートになり、山は乱伐ではげており、無粋な電柱が立っている。（野村胡堂「胡堂百話」）

高価を呼ぶものにはそれぞれ理由がある。その理由をわきまえず、単に金高のみに拘泥《こうでい》して驚くのは野暮《やぼ》である。（北大路魯山人「握り寿司の名人」）

いわく付き

人に言えないような事情や、好まれないいきさつや由来があることを「いわく付き」といいます。「いわく付きの家」というように人以外のものに対して使われることが多い語ですが、前科のある人物などの表現にも使用されます。

▶しかし、そういう類の者は、いずれも曰く付きに極まっている。（吉川英治「平の将門」）

事々しい

大げさであることをちょっと堅く表現したいときに「事々しい」を使ってみてはどうでしょう。「こんなことを会議にかけるとは事々しすぎるのではなかろうか」といったように「大げさ」と同じニュアンスで使える言葉です。

▶批評の本義を述べ立てるのは、ことごとしい様で、気おくれを感じるが、他の文学にそうした種類の「月毎評判記」めいたものが行われて居るから、少しは言ってもさしつかえのない気がする。（折口信夫「歌の円寂する時」）

物々しい

「物々しい」は厳粛で重々しい様子を表す語で、「会場は物々しい空気が感じられた」といったように用います。重大な事件などがあり、ふざけてはいけない重い空気感を表現できます。また、「かまれてはいけないと、子犬相手に物々しい革手袋をはめていた」など、大げさすぎるさまを表すときにも使われます。

▶九月一日の夕刊に、物々しい防空演習の写真と一緒に市電整理案が発表された。（宮本百合子「電車の見えない電車通り」）

先日両手をホータイでまき、日本が木綿不足で困っているなどとは想像もできない物々しいホータイだ。（坂口安吾「悪妻論」）

大層

大げさであることの古風な表現に「大層」があります。「母はいつも些細なことでも大層な話にしてしまう」といった使い方をします。「ご」をつけるとさらに強い批判となります。「ご大層な話が始まった」とすると、批判やあざけりに加えて、相手への嫌悪すら感じさせることができます。「大層」は批判の意味を含まず「大層にぎわっていた」「大層遠かった」等、単に程度が大きいことを表すときにも使います。

▼「それとも起きて聞くほどごたいそうな文句でもあるってえのかい」（山本周五郎「青べか物語」）

うだつ

出世しないことや生活が向上しないことを「うだつが上がらない」といいます。「うだつ」は日本家屋の「卯建《うだつ》」という壁で、格の高い家だけがこれをつけたので立身出世の意味をもったという一説があります（諸説あり）。現代では、収入がアップしなかったり、出世が絶望的だったりする人に対して使われることが多い語です。

▼学問で身を立てようとしたこともあったが、一向うだつがあがらないので、このごろは親代々の商人になりすましていた。（坂口安吾「雨宮紅庵」）

現《うつつ》を抜かす

「現」は字のごとく「現実」のことです。私たちが生きているこの世で起こっていることを言います。「現を抜かす」は現実を抜かして、夢見心地で過ごしているということです。ある特定のことがらに心を奪われて夢中になり、現実が疎《おろそ》かになっている様子を指すのです。「ギャンブルに現を抜かす」といったように感心できない行為や「映画に現を抜かす」など趣味に没頭するさまに使われるのが一般的です。あがた森魚は「お星様と、すみれのことにのみうつつをぬかす」と幻想的で美しい表現をしています。

お星様と、すみれのことにのみうつつをぬかす僕ら「菫礼礼少年主義者」とは火花を散らす宿命にあるのだ。（あがた森魚『菫礼礼少年主義宣言』新宿書房）

自転車乗りの本分は自転車に乗り続けることにあり、観光にうつつを抜かすことにはないのである。（円城塔「鉄道模型の夜」）

おごる

人より優れている立場、才能、権力、財力などに慢心を起こし、思い上がった行動をとることを「おごる」といいます。「おごる平家は久からず」のことわざが有名ですね。「おごり高ぶる」も同じ意味の言葉です。

わがままになったり、無礼な態度をとったり、必要以上にぜいたくになったりなど、おごりが原因の行動はいろいろあります。調子に乗りすぎている、いい気になっていると批判するときに「おごる」を使ってみてはどうでしょうか。

▼かつてはおれの胸の中にも―驕《おご》りの花はひらいていた。（原口統三「初期詩篇」）

▼レックミア侍従が少しもおごり高ぶることなく、続けた。（フレッド・M・ホワイト 奥増夫訳「王冠の重み」）

図に乗る いい気になってつけあがっているようすを「図に乗る」といいます。幸運が続いて得意になっていたり、うまく物事が進んで調子に乗っていたりする人を批判する意味で使います。

▼読者を、あんまり、だまさないで下さい。図に乗って、あんまり人をなめていると、みんなばらしてやりますよ。（太宰治「或る忠告」）

だらしない ぐうたら、いい加減な様子を「だらしない」といいます。着衣が乱れていたり、食べ方が汚かったり、人間関係がいい加減だったり、時間にルーズだったりと色々な行いに対して広く使われます。

行動だけでなく「あの人はだらしない」といったように人となりの評価にも使います。「金遣いが荒い」「不潔だ」などと具体的に言ってしまえば行いが明確になりますが「だらしない」は少し含みがあります。どうだらしないのかを伝えたいときには前後の文などに書いておくとよいでしょう。

いきなり私を取りかこみ、ひどくだらしない酔い方をして、私の小説に就《つ》いて全く見当ちがいの悪口を言うのでした。（太宰治「美男子と煙草」）

もともとだらしない性質で、普段は顔を洗うことさえ面倒がり、洋服のボタンなどもいつも外れ勝ちであった。（外村繁「打出の小槌」）

ぶしつけ

礼儀がなっていないこと、遠慮のないことなど、礼を失する行為を「ぶしつけ」といいます。「それはぶしつけすぎる」というように相手の無礼な態度を批判するときにも使えますが「ぶしつけな質問ですがお許しください」と相手に対する断りや詫《わ》びにも使える言葉です。

……が、たといそうとしても何という厚かましい不躾《ぶしつけ》な眼付きだったのだろう！（渡辺温「嘘」）

奥様の方では、少しも御存じのない男から、突然、此様《このよう》な無躾《ぶしつけ》な御手紙を、差上げます罪を、幾重《いくえ》にもお許し下さいませ。（江戸川乱歩「人間椅子」）

にべもない そっけない、愛想がない、つっけんどん……こういった無情な態度を「にべもない」といいます。「にべ」とは膠《にかわ》のことで、その特徴は粘り気です。「にべもない」とはまるで粘り気がないような冷たい態度のことで、「にべもなく断られた」といったように使います。岡本かの子は人間の態度ではなく、冷たい印象のするエッフェル塔を「にべも無い」と表現しました。エッフェル塔の姿を思い描くと、確かににべも無い建物だと納得させられます。

「……厭《いや》だ」
にべもない返辞だった。（山本周五郎「お美津簪」）

雲一つなく暮れて行く空を刺していた黒い鉄骨のエッフェル塔は余りににべも無い。（岡本かの子「巴里祭」）

心ない 無分別、非常識、冷酷な人、またはその行動を批判的に表現した言葉に「心ない」があります。まるで心を持っていないかのように冷酷で非常識という意味です。ちなみに対義語は「心ある」で、温かい心を持つ人やその行動を表した言葉です。

▶洗濯をする老女から食の恵みを受けたり、心無い人々の嘲《あざけ》りを受けたりして、永い間、凡《ぼん》人凡眼《じんぼんがん》は韓信《かんしん》を知ることが無かった。（幸田露伴 中村喜治訳「悦楽（現代訳）」）

しかし賞金のことは、どうか皆様、お話し合いの上心ある御処置を期待いたします。（宮本百合子『未亡人の手記』選後評」）

口さがない

他人の批判、うわさ、評価などを無遠慮に行うことを「口さがない」といいます。現代でいいますと、インターネットで見かけるような無責任な批判や悪辣なコメントがこの表現に当てはまるでしょう。

▶口さがない百万人の人の言葉はどうあろうとも、一人の肉身の心の中は信じなければならぬものよ。（坂口安吾「我鬼」）

くちさがない魚河岸の若い者などは、胆玉の小さい者を指して、あれは陸奥のアンコウだといったものである。（佐藤垢石《こうせき》「アンコウの味」）

へそで茶を沸かす

思わず笑いたくなるほどばかばかしいことを「へそで茶を沸かす」「へそ茶」といいます。大笑いするときに、へそが大きく揺れる様子を湯の沸騰に見立てた言葉です。「へそで茶を焼《た》く」「へそが宿替えする」「へそが笑う」などの言い方もあります。「へそが笑う」というといかにも楽しそうですが、これらの表現は純粋に楽しいときではなく、相手を嘲る意味合いで使う表現です。似た意味の語に「噴飯物《ふんぱんもの》」「笑止千万《しょうしせんばん》」などがあります。

▶「このおれを相手に、この苅賀由平二を相手にか、わっはっは、盲人蛇に怯《お》じず、藪《やぶ》を突ついて蛇、毛を吹いて傷を求め、飛んで火に入る夏の虫か、蟷螂《とうろう》の竜車に向う斧《おの》、いやはや、いやはや、おかしくって臍《へそ》が茶を沸かすぞ」（山本周五郎「百足ちがい」）

これで料理経済を語るなどは噴飯ものである。（北大路魯山人「料理の秘訣」）

なんでもないことを、優れているように思い込み、または思い込ませ、それによって自尊心を撫でまわしているやり方は、笑止千万であり、愚劣の骨頂である。（岸田國士「日本に生れた以上は」）

せせら笑う

「せせら笑う」は相手を小馬鹿にして笑うときの表現です。「へそで茶を沸かす」と同じく、相手を馬鹿にして笑う様子ですが「せせら笑う」は静かな冷笑を表すときに相応しいでしょう。「せせら」とはなんぞや？　という疑問が湧きますが「せせら」は「笑い」と共に使われる語で、単独では意味を持たないとされます。

▶たかがそれほどの金でかと兄さんはせせら笑うでしょう。（夏目漱石「明暗」）

片腹痛い

他人の行いを馬鹿にする言葉に「片腹痛い」があります。自分を実力以上のものと思いこんでいる人、調子に乗ったり天狗《てんぐ》になったりしている人を蔑《さげす》み、冷ややかに笑うときに相応しい語です。

もとは「傍《そば》で見ていて気の毒だ」との意味で「傍《かたわ》ら痛い」の字が当てられていましたが、後に「片腹」と誤用され、今はこちらが一般的となりました。笑いの慣用句には「腹」が使われますので、この表記に落ち着いたことは納得がいきます。

▶懸命にもならないで、「食えない」などとは、片腹痛い言い草である。（三好十郎「俳優への手紙」）

ちゃんちゃらおかしい

大変滑稽だ、話にならない、まじめに相手をすることすらばかばかしい。このような気持ちを言葉に表したのが「ちゃんちゃらおかしい」です。「あいつの立場で俺にたてつくとはちゃんちゃらおかしい」「一ヶ月の勉強で合格するつもりだなんてちゃんちゃらおかしい」といったようにバカにしきって嘲笑するときに使います。

世のため人のためと云いたがる料簡《りょうけん》がチャンチャラおかしいのさ。（坂口安吾「影のない犯人」）

足元（足下）を見る

人の弱みにつけ込んで都合良くものごとを進めることを「足下を見る」といいます。例えば、どうしてもそれが必要な人に高額で売りつける、好意をもってくれている相手に無理難題をふっかけるなど、相手の断れない状況につけ込む行為を指します。また弱みに付け込まれることを「足元を見られる」といいます。

言葉の由来は、その昔、長距離を歩いてふらふらしている旅人に、駕籠《かご》屋が高額な金額をふっかけて駕籠に乗せたことからと言われています。草履のすり減り具合や足の疲労などを、足元を見て判断していたというわけです。

「この辺の百姓は人の足元を見やがるんで買いにくい処だ。」（永井荷風「買出し」）

居《い》丈《たけ》高《だか》

「居丈高」は座ったまま背筋をぐっとのばして相手を威圧するさまをいい、人を見下して高圧的な態度をとるときの表現に使われます。怒りにまかせて「なんだね君は！」などと優越性を誇示し、相手を屈服させようとするさまは居丈高な態度といえます。同じように高圧的な態度を表す言葉に「高飛車」「高慢」「尊大」「傲慢」などがあります。

▶彼は急に居丈高になって、「右衛門奴《め》ならなぜ館のお供をせぬのじゃ」とののしった。（菊池寛「三浦右衛門の最後」）

彼らの多くは剛情で片意地で尊大である。（三木清「語られざる哲学」）

照子は、傲慢を衒《てら》い、高飛車に云い放った。（牧野信一「或る日の運動」）

れいの冷い、高慢な口調である。（太宰治「水仙」）

武《ぶ》張《ば》る

武士のように猛々しい様子を見せることを「武張る」といいます。「武張った態度」「武張った発言」といったような表現が一般的で、強そうなさま、あるいは虚勢を張っているときに使われます。「張る」は「威張る」「頑張る」「我を張る」といったように、強く押し通そうとする意志を表す語です。

▶小樽は、組んでいた腕を離して、わざと武張った足どりで先へ立ったりした。（牧野信一「黄昏の堤」）

京とは異《ちが》って東国は大体武張った遊事《あそびごと》が流行《はや》ったものでございますから……。（浅野和三郎「霊界通信 小桜姫物語」）

お高くとまる

自分を価値あるものと考え、高い位置に置き、取り澄ましている様子やその人を「お高くとまる」といいます。気位が高いだけではなく、そこに思い上がりや傲慢などが隠れているときに、批判的に使う言葉です。

▼一体何でそんなにお高く留まっているんだ。（佐々木邦「脱線息子」）

その女のひとは、いつもえらそうにして、お高くとまっているひとでした。（アンドルー・ラング再話 大久保ゆう訳「シンデレラ―ガラスのくつのものがたり―」）

蔑《なみ》する（無みする）

相手を蔑視すること、あなどること、存在を無いものとすることを「蔑する」といいます。かしこまった文、古めかしく固い文にしたいときに似合う言葉です。

▼『無神無仏の徒は既に神を無みし仏を無みするだけの』云々という幸田露伴翁の言葉には、少しもそこに反語がないところに露伴の面目がある。（斎藤茂吉「日本大地震」）

それを無みすれば魂は滅ぶのである。（倉田百三「善くならうとする祈り」）

はなもひっかけない

「はなもひっかけない」は全く気にしない、興味がない、どうでもいいなど、相手を馬鹿にした表現です。はなは鼻水のことで、鼻水すらかけてやらないというのですから関心度ゼロ、いやそれ以下でしょうか。相手を軽視し眼中にない様子が伝わります。

▼日本人は相手にされませんよ、靴をみがこうとなさっても駄目駄目。

オホホホ、女の子ですって、それこそ鼻もひっかけませんよ。（小野佐世男「エキゾチックな港街」）

へきする

偏った思想、偏屈な考え方を「へきする」「僻見《へきけん》」といいます。「偏屈おやじだった」とするところを「へきする癖のある人だ」「僻見《へきけん》な思考の持ち主だった」とすれば、文章の雰囲気が固くまじめな印象に変わります。

▶その記録には必ず偏するところがあり必ず僻するところがあり、またその多くは何らかの誤謬を含んでいるのが普通の状態である。（津田左右吉「日本歴史の研究に於ける科学的態度」）

あぐらをかく

なんの努力もせずにその立場のうまみを吸っているさまを「あぐらをかく」といいます。我が国独特の座り方を使った慣用句です。よくある表現に「権力の上にあぐらをかく」といったものがあります。立場や地位に甘え切っている人を批判するときに使います。最近は和室が減ってあぐらをかく人も減ってきているので、この語もそのうち死語になってしまうのかもしれません。

▶わたしは単に自然の法則によって、実際に存在しているからというだけの理由で、いい加減な妥協や、無限の循環零の上に胡坐をかいてはいられないのだ。（フョードル・ドストエーフスキイ 米川正夫訳「地下生活者の手記」）

買いかぶる

人や物を真価よりも高く評価することを「買いかぶる」といいます。「それは買いかぶりです」と謙遜したり、「彼を買いかぶり過ぎていた」と批判するときなどに使えます。

たまたまいい点をとれただけなのに秀才だと勘違いしたり、教職者だから聖人君子のはずだと決めつけていたり、最新式の機械だからあらゆる機能がついていると思いこんでいたりなど、買いかぶりは日常のあらゆるところに潜んでいそうです。

▼君は私を買い被っている。私はそんなにえらくはない。（森鷗外「二人の友」）

ひいき目で見る

「ひいき目で見る」は、公平な目ではなくひいきした見方をすることです。この単語自体は描写にすぎませんが、使い方次第ではトゲのある言葉になります。たとえば「ひいき目に見てもプロではなく初心者の料理だ」といえば、甘い見方をしてやってもその程度だという悪口ですし、「彼に才能があると思っているのはただのひいき目だよ」といえば、本当は彼には才能がないと言っていることになります。

▼先生の短歌や俳句は如何に贔屓目《ひいき》に見るとしても、畢《つい》に作家の域にはいっていない。（芥川龍之介「文芸的な、余りに文芸的な」）

自分を他人扱いに観察した贔屓目なしの真相から割り出して考えると、人間ほど的《あて》にならないものはない。（夏目漱石「坑夫」）

しゃら臭い

小生意気でしゃくにさわることを「しゃら臭い」といいます。不相応だったり無礼だったりする相手に「しゃら臭い奴だ」などと使います。「ちょこざい」「こしゃく」も似た意味です。「しゃら臭ぇやつだ」「なにをちょこざいな」「こしゃくな真似をしやがって」といった使い方をしますが、日常会話ではあまり耳にしないかもしれません。小説や映画などでは遭遇する機会もありそうです。「小生意気だ」「雑魚め」そんな気持ちを込めたいときに似合う言葉です。

▶大ざっぱに言えば、人間と人間とを結び合うものは、愛などというしゃらくさいものでなく、もっぱらこのオセッカイとか出しゃばりとかの精神ではないでしょうか。（梅崎春生「ボロ家の春秋」）

いくら世辞ですすめられても素人のくせに俳優を指揮したり俳優の本読みするような猪口《ちょこ》才《ざい》な真似は決してしなかった。（岡本かの子「雪」）

わたくしはちょっと軽蔑されたような憤りを感じましたが、なにを小癪《こしゃく》と思って、わざと丁寧に、「こないだ、葡萄《ぶどう》、ありがとう」と言いました。（岡本かの子「生々流転」）

空々しい 嘘をついていることが見え見えなようすを「空々しい」「白々しい」といいます。知っているくせに知らない振りをしたり、心にもないお世辞を言ったり、人目を意識した行動をしてみたり——そのような見え透いた嘘や態度に対し、批判の意味を込めて使う言葉です。

▼少し落ちついてあしらっていますと、馬鹿気きった空々しい処があります。（伊藤野枝「妾の会った男の人々（野依秀一、中村弧月印象録）」）

虚勢を張って、二人はいつまでも、空々しい夢物語をつづけた。（坂口安吾「ふるさとに寄する讃歌 夢の総量は空気であった」）

お陀仏《だぶつ》 人が死ぬことや計画がだめになることを「お陀仏」といい、「ここから落ちたらお陀仏だな」「あの企画は先週お陀仏になった」といった使い方をします。この語に悪意があると解説をしている辞書は見当たりませんが、大切な人が亡くなったとき「お陀仏になった」

とは決して言いませんし、もし言っていたら違和感を覚えるでしょう。一方「あの偏屈《へんくつ》オヤジもとうとうお陀仏か」というような使い方だとまったく違和感がありません。このように考えを巡らせると、「お陀仏」は普段からよく思っていない人物が亡くなってせいせいしたときに似合う表現だといえそうです。

■「オホホホホホホ、ハハハハハハハ。お馬鹿さんねえ、アンタは……出て行ったってモウ駄目よ。今夜のうちにお陀仏よ。ホホホ。でも……お蔭で今夜は面白かったわ……」（夢野久作「女坑主」）

明智先生、とうとうおだぶつとはいいきみだ。（江戸川乱歩「仮面の恐怖王」）

❷人となりに対するトゲのある語

「彼は汚いことをした」
「彼は汚い人物だ」

似たような文ですが、意味は全く違います。前者は彼の行いが汚かったと言っているだけで、彼の人間性や彼そのものをけなしているわけではありません。一方、後者は彼そのもの、人となりに対しての言葉です。彼の人間性が汚いとけなしているのです。あるいは物理的に不潔なのかもしれません。この節では後者のように、その人物の人となりを否定する言葉に光をあてました。

せっかち

落ち着きがなく、先を急ぐ性格やそのようすを「せっかち」といいます。性格が悪いということではありませんが、決してほめ言葉でもありません。「忍耐力がなさすぎる」「短気だね」とストレートにけなしたいところを「せっかちな人だね」と言えば少し柔らかくすることができるでしょう。

おれは性急《せっかち》な性分だから、熱心になると徹夜でもして仕事をするが、その代り何によらず長持ちのした試しがない。（夏目漱石「坊ちゃん」）

だが、おまえは、いつも、おっそろしくせっかちだよ。だから、あの子までが、せっかちになりだしたんだ。（ハンス・クリスティアン・アンデルセン 矢崎源九郎訳「幸福な一家」）

かまとと

「かまぼこはとと（魚）からできているの？」と分かり切っていることなのに知らない振りをする人やその行動を「かまとと」といいます。社会の汚さや性の世界などに疎《うと》い振りをして、清純派を装う人（主に女性）をけなすときによく使われます。

「――小柳はあんな子供っぽい風をしているけど、案外カマトトかもしれんが……」

「カマトト？」

「あんたもなかなかカマトトの感じですな」

「カマトトッてなんですか」（高見順「如何なる星の下に」）

はすっぱ

下品だったり、思慮が浅かったり、学がなかったりする女性の形容に「はすっぱ」があります。盆の供物の皿として利用された使い捨ての蓮の葉が語源で、江戸時代、多忙時に臨時で雇う女性を「蓮っ葉」と呼んだことが始まりだとされています。時代は変わりましたが、現代でも女性に対する侮蔑の言葉として使われています。

「蓮ッ葉に思われるのが辛いわ」と綾子は云った。（坂口安吾「握った手」）

賢《さか》しら

賢い振りをしたり知ったかぶりをしたりなど、自身を知識人のように見せる行為を「賢しら」といいます。「賢しらに意見を出しても、無知丸出しだ」「思わず賢しらをしてしまった」といった使い方をします。

▼賢しらの似而《えせ》文学者どもが、いかに揶揄《やゆ》しようとも、僕はかかる言葉に打たれる。（原口統三「二十歳のエチュード」）

木偶《でく》 役に立たない人、働かない人などをののしる言葉に「木偶」「でくのぼう」があります。「木偶」は木彫りの人形のこと。「でくのぼう」の「ぼう」は「棒」とも「坊」ともされ語源ははっきりとしませんが、「デクノボー」はいかにも役立たずな印象を与える語感です。

▼以前の負けず嫌いな精悍《せいかん》な面魂《つらだましい》はどこかに影をひそめ、なんの表情も無い、木偶のごとく愚者《ぐしゃ》のごとき容貌に変っている。（中島敦「名人伝」）

▼底を割って言えば、わたしもご同様、アホーで、でくのぼうなんです。（アントン・チェーホフ 神西清訳「桜の園―喜劇 四幕―」）

唐変木 分からず屋や気の利かない人のことを「唐変木」といいます。「この分からず屋！」「この唐変木！」どちらも同じ意味ですが、古風で粋な印象にしたいときに「唐変木」はおすすめの言葉です。

はがゆくって、みっともなくって、見ちゃいられねえや、唐変木め！（坂口安吾「訣《わか》れも愉し」）

鼻っ柱が強い

負けず嫌いで勝ち気な人のことを「鼻っ柱が強い」といいます。「気が強い」と似た意味ですが、自分に強い自信を持っている人に似合う表現ですので、単に「気が強い人」とは少し意味合いや印象が違ってきます。

またこの杉浦というやつが、図々しくって押しが太くて、鼻柱が強くて、大臣宰相でも、公爵でも、何の遠慮もあらばこそ、ぐんぐんぶつかって行く男なのです。（菊池寛「M侯爵と写真師」）

ぶっきらぼう

素っ気なく、無愛想な態度を「ぶっきらぼう」といいます。「ぶっきらぼうな返事」「ぶっきらぼうな男」など、行動に対しても人となりに対しても使われる言葉です。語の由来は「ぶった切った棒」です。ぶった切ってあるのですから徐々に棒が細くなるのではなく、いきなりそこでスパンと終わってしまう素っ気なさです。由来を意識すると、どういう人に使うのが相応しいのかピンとくるのではないでしょうか。

「ひとにくちをきくには、もっとていねいにいうものだというのに。」とじいさんはまた、ぶっきらぼうにいって、仕事をしつづけました。（新美南吉「王さまと靴屋」）

しりが青い

「しりが青い」は若さゆえの経験不足や未熟さを見下す語です。日本人の赤ちゃんのおしりには、蒙古斑《もうこはん》と呼ばれる青いあざがあります。これがまだ消えていないほどの年齢だといって、相手を侮蔑しているのです。

また、若さは「青」で表されることが多く、「青二才」「青臭い」「くちばしが青い」といった表現もあります。

まだしりも青いくせに生意気な奴だ。（著者作）

まだまだ青二才ですが、よろしくお願いいたします。（著者作）

二本棒

「二本棒」は若者や精神年齢が低い人を罵る言葉です。子どもが左右の鼻の穴から鼻水を垂らしているようすが由来という、なんとも遊び心あふれる言葉です。

昔は冬になると鼻水を垂らしている子どもは珍しくありませんでしたが、近年そういった子はほとんど見かけなくなりました。この悪口も時代小説などでは生き残っていますが、一般的にはほとんど見かけなくなりました。だからこそこの語を使えば読者の印象に残る一文となることでしょう。

▶おふさは何と合点《がてん》したのか変な僻《ひが》んだ顔をして指を二本鼻の下へ当てた。「そうら二本棒だって云われてらあ、黙って居ればええのに」（長塚節「おふさ」）

悪太郎

「悪太郎」は行儀の悪い子どもやいたずらな子どものこと。乱暴者の若者をこう呼ぶこともあります。桃太郎や金太郎のような愛称でなにやらほほえましいですが、ほほえましいのは呼び名だけで、愛されている存在というわけではありませんのでご注意を。

▶母も死ぬ三日前に愛想をつかした――おやじも年中持て余している――町内では乱暴者の悪太郎と爪弾《つまはじ》きをする――（夏目漱石「坊ちゃん」）

▶その手紙の全体としての印象は、先生が手のつけられない悪戯《いたずら》っ児《こ》の悪太郎であったということであった。（寺田寅彦「埋もれた漱石伝記資料」）

浅はか

考えが軽々しく浅いことや、思慮が足りないさまを「浅はか」「浅浅しい」と表現します。行動に対しても人となりに対しても使われる言葉です。

人間はみな同じものだなんて、なんという浅はかなひとりよがりの考え方か、本当に腹が立ちます。（太宰治「鉄面皮」）

お人好し

頼みごとを断れない人、他人を安易に信用する人など、気のいい人のことを「お人好し」といいます。「人が好い」のですからほめ言葉なのですが、利用しやすい、だましやすい、カモにしやすいなどのあざけりの意味で使われることも多い語です。言葉通り、善人の表現にも使われますが、ほめたつもりがけなした結果にならないよう、文脈には十分注意をしましょう。

彼らは、お人好しのウスバカであった。（坂口安吾「遺恨」）……けなし言葉としての使用

この人の好印象は、殆んど底ぬけのお人好しと、農民的の素朴さと、北国的の憂鬱感と、大陸的のヌーボーとが、漠然たる色彩で神秘的に混同している所にある。（萩原朔太郎「歳末に近き或る冬の日の日記」）……ほめ言葉としての使用

おたんちん

「おたんちん」は人を嘲る言葉で、ぐずぐずしていたり、能力がなかったりする人に対して使われます。似た語に「おたんこなす」があり、どちらも発祥は江戸時代の遊郭で男性客をののしる言葉でしたが、現代では性別を問わず使われるようになりました。

▶「だからお前は妙《みょう》痴《ち》奇《き》林《りん》の唐《とう》変《へん》木《ぼく》の木《さい》槌《づち》頭《あたま》のおたんちんだってんだ。」（林不忘「早耳三次捕物聞書 海へ帰る女」）

「にっぽんかいびゃく以来、あんなお人好しのおたんこなすは見たこともねえ」（山本周五郎「季節のない街」）

うつけ者

ぼんやりしている状態を「うつける」といい、ぼんやりしている人、どこか抜けている人などを「うつけ者」と表現します。漢字では「空者」と書きます。中身が空っぽということですね。うっかりしている人、のんきすぎる人、不注意な人など、愚か者に対する罵倒に相応しい言葉です。

▶さるにても、むざとその手に乗せられた信長公こそ稀代《きたい》のうつけ者。（神西清「ハビアン説法」）

私はいかにも淋しい、うつけたような顔をして、みんなの遊んでいるのをぼんやりと見ていた。（堀辰雄「幼年時代」）

昼行灯　ぼんやりとしていて役に立たない人のことを「昼行灯」といいます。「行灯」とはろうそくや油を燃料にした昔ながらの照明器具です。昼間に明かりをともしても役に立たないことから、人に対するののしりの言葉として使われるようになりました。

▶ああ、いやだ、いやだ、昼行灯みたいにぼうっとして、頼りない人だと思っていたら、道の真中で私に金を借りるような心臓の強いところがあったり、ほんとうに私は不幸だわ、と白い歯をむきだして不貞くされていた。（織田作之助「天衣無縫」）

虚仮威し《こけおど》　立派に見えるのに、実は見せかけだけで内容が伴わないことを「虚仮威し」「虚仮威かし」といいます。また「虚仮」だけでも同じ意味を持ちます。大きく見せようとして虚勢を張っている者や、人をだまそうと仮の体裁をとっている事物に対して使うといいでしょう。

▼あいつはやくそくをまもらなかった。金庫には別状ない。あの紙きれは、こけおどしにすぎなかったのです。（江戸川乱歩「透明怪人」）

こけ威しと小手先と誤魔化しだけよあなたの絵は。（坂口安吾「吹雪物語─夢と知性─」）

張り子の虎

見かけ倒しで中身が伴わない人のことを「張り子の虎」といいます。張り子は、竹や木の枠に粘土や紙を貼った立体造形で、中身が空洞になっていることが特徴です。このことから、いくら虎のように立派に装っていても実は中身はなんにもないような人を「あいつは張り子の虎だから」などとののしるようになったのです。また、張り子の虎は首がゆらゆらと動くように作られているため、首を振る癖のある人やイエスマンを「張り子の虎」と呼ぶこともあります。

▼太平に馴れ、俸禄にあまやかされ、その方《ほう》ら軍務についていたものどもは張子の虎になりおった、（本庄陸男「石狩川」）

料理屋の主人瀬下屋《せがや》は、張り子の虎のように首をふりながらそう言った。（下村千秋「天国の記録」）

あこぎ

金銭に悪どい人やそのやり方のことを「あこぎ」といい、「あこぎな商売」という表現がよく使われます。「あこぎ」の由来は地名です。三重県の阿漕《あこぎ》ヶ《が》浦《うら》で密漁を重ねて捕《とら》えられ、簀《す》巻きにされた漁師がいたことから、この言葉が生まれました。

▶「そうさ。口じゃ親類付合だとか何とかいってるくせに、金にかけちゃあかの他人より阿漕なんだから」（夏目漱石「道草」）

食わせ物

能力や財力や身分を隠して、自分を大きく見せたり他人をだましたりする人を「食わせ物」といいます。人だけではなく「届いてみたらとんだ食わせ物だった」といったように物品に対しても使います。また、食わせ物にまんまとだまされたことを「一杯食わされた」といいます。

▶救農事業というものが、どこの地方でも食わせものであることに、あきれたと書いている。（宮本百合子「今にわれらも」）

「こいつは飛んだ食わせものだぞ。このままソッとして置いて、後から拾いに行こうと思っていやがる」（江戸川乱歩「指環」）

明智さん、やっぱりおっしゃるとおりでした。わたしはまんまといっぱい食わされたのです。
（江戸川乱歩「妖怪博士」）

げじげじ魂

この表現をはじめて聞いた人も多いのではないでしょうか。げじげじといえば、フナムシと毛虫とムカデを足して3で割ったような不気味な虫です。『罵詈雑言辞典』（東京堂出版）では「げじげじ魂」を「意地の悪い憎まれ者の性格を罵って言う言葉」と説明しています。また、二葉亭四迷の『浮雲』には「睚眦《がいさい》の怨《えん》は必ず報《ほう》ずるという蚰蜒魂《げじげじだましい》」という一文があり、げじげじ魂はねちっこく執念深く陰湿な性格だと分かります。

あまり聞かない言葉である上に、音の響きからもインパクトは抜群です。やたらと使うとつまらなくなりそうですが、ここぞという罵倒のときに使ってみると面白そうです。

睚眦の怨は必ず報ずるという蚰蜒魂で、気に入らぬ者と見れば何かにつけて真綿に針のチクチク責をするが性分。
（二葉亭四迷「浮雲」）

ひょうろく玉（表六玉・兵六玉）

落語などで妻が夫を貶《けな》す場面に「うちのひょうろく玉」と

いったセリフが出てくることがあります。「ひょうろく玉」「表六」はろくでなし、まぬけ、浅はかなど、愚か者などを罵倒《ばとう》するときに使われます。「彼は価値のない人間だ」というより「彼はひょうろく玉だ」と言った方が、より馬鹿にした印象を与えます。

▶むっとした顔で、石田氏がひっこみかけると、後ろから、「兵六玉ァ」という痛快な声がかかった。（久生十蘭「我が家の楽園」）

▶「下っぱのひょうろく玉たちが、豆鉄砲みたいな啖呵をきるなよ。観音さまがお笑いあそばさあ」（佐々木味津三「右門捕物帖　妻恋坂の怪」）

朴念仁《ぼくねんじん》

分からず屋、頑固者、無口や無愛想な人を「朴念仁」といいます。近年では「恋愛に疎く相手の気持ちを察することのできない鈍感な人」をののしるときにこの語が使われることも多いようです。不思議な語感の言葉ですが語源は諸説あってはっきりしません。ただ、素朴・念じる・仁《ひと》の漢字が当てられているところを見ると、元々は罵倒の言葉ではなかったのかもしれません。

▶誰が、遠山なんて、朴念仁と結婚してやるものか。（坂口安吾「波子」）

この点で科学者は、普通の頭の悪い人よりも、もっともっと物わかりの悪いのみ込みの悪い田舎者であり朴念仁でなければならない。（寺田寅彦「科学者とあたま」）

第5章 好意や敬意を表すことば

「好き」という感情、すなわち好意や敬意は実に多種多様です。お気に入りの事物に対する気持ち。大切な友達に対する気持ち。尊敬する人物に対する気持ち。思いを寄せる恋人などに対する気持ち。好意や敬意、称賛や感謝を表す言葉はたくさんありますが、中でも雅やかさを感じる日本語を集めました。

❶謙遜することで相手を敬う

謙譲や謙遜など、主に自分をへりくだった表現です。相手をほめたたえるのではなく、自分を下の位置に置くことで相手に敬意を示します。へりくだりの他にも、対話に使える好印象を与えそうな言葉もピックアップしました。

恐れ入る 感謝の気持ちを表すときに使いたいのが「恐れ入る」です。「恐れ入りますが席をつめていただけますか」といったように「恐れ入る」をつけると相手を敬う形になり、恐縮、敬服、お詫びなど幅広い場面で使えます。また「あれで一人前とは恐れ入るよ」など、あきれたときにも使うことができます。

▼「口幅ったいことを申すようで恐れ入りますが、お頼みとあれば、どんな事でも、旦那」（野村胡堂「銭形平次捕物控 殺され半蔵」）

十時に帰って来た娘を締めだして、戸を叩いても中へ入れず、とうとうお手伝いの仕上げを完了するとは恐れ入った低脳の両親である。（坂口安吾「安吾人生案内 その一【判官巷を往く】」）

おかげ

他者からなにかをしてもらい、そのために良い結果がでることを「おかげ」といいます。「あなたのおかげで助かった」など日常的によく使う言葉ではないでしょうか。「お元気そうですね」といった相手の気遣いに「おかげさまで」と返すこともあるかと思います。「おかげ」は神仏から受ける恩恵という意味もあり、自分によいことが起きているのは神仏のはからいだという感謝を含んだ美しい言葉です。

ちなみに、良い結果に結びついていることは「○○のおかげ」、悪い結果となったことは「○○のせい」とするのが一般的です。悪いことが起きたときに「人のせいにしないで」とは言いますが「人のおかげにしないで」とはいいません。ただ「あいつのおかげで台無しだよ」といったように、悪い出来事に対して皮肉を込めて「おかげ」を使うことはあります。

「ありがとうございます。ほんとうにたびたびおかげ様でございます」（宮沢賢治「貝の火」）

…良い結果の使用例

諸君が、それぞれの持ち場を、ひきうけてくれたおかげだ。（江戸川乱歩「電人《でんじん》M」）

…良い結果の使用例

わしもなあ、長生きしたおかげで、食うや飲まずの辛い目にあうことじゃ。（菊池寛「義民甚兵衛」）

…悪い結果の使用例

もったいない

自分の身には大きすぎて不釣り合いである、身に過ぎたことであるといったときに使えるのが「もったいない」です。褒められて謙遜するときに「そんなことありません」と言ってしまうと、否定されたと感じる人もいます。「もったいないお言葉です」と言えば、相手の言葉をありがたく受け取った上で謙遜や恐縮を表すことができるのです。

私はもったいないほどでございます。私はあなたの御恩は一生忘れません。（倉田百三「出家とその弟子」）

かたじけない

感謝の念を表す雅な言葉に「かたじけない」があります。もったいないことであるという恐縮の感情も伴う語ですが、日常的な「ありがとう」の代わりに気軽に使っても違和感はないでしょう。古い時代を感じさせる粋な表現です。

▶ なんとか たちなおった ババールは、おきもち かたじけないと ことわってから、サンタさんと おいしい スープを ごいっしょします。（ジャン・ド・ブリュノフ おおくぼゆう訳「ババールとサンタのおじさん」）

痛み入る

人から受けた恩に対し感謝を表す言葉に「痛み入る」があります。「かたじけない」と似ていますがニュアンスは異なります。「痛み」を感じるほどですから、感謝の念が少々強いのです。「ご親切痛み入ります」「御多忙な中痛み入ります」など、気遣いや好意を受けたときに似合います。

▶「ご丁寧なご挨拶で痛みいる。では、ご内儀さまへ、ちょっと、おしるべに」（久生十蘭「無惨やな」）

お粗末様

感謝の念を表されたとき、返事に使いたい言葉が「お粗末様」です。自分が行った善意など粗末なものだと謙遜する言葉です。もっとも身近なものでは「ごちそうさまです」と言われたときに「お粗末様です」と返すやりとりがありますが、このあいさつも近年では減ってきているのかもしれません。その他、「痛み入ります」といった言葉に対し、「いえいえ、お粗末様でございます」などと返事をすれば、上品な大人の雰囲気を作ることができるでしょう。

▶「オヤ、これはどうも、お粗末さまでございました。どうかまた、お近いうちに。」（島崎藤村「夜明け前 第一部上」）

よしなに

「どうぞよしなに願います」というように「よろしく」の代わりに使ってみたいのが「よしなに」です。いい具合になるように、臨機応変に、といった意味もあり「よしなにご調整ください」といった使い方もされます。粋で印象深い言葉です。

▶よしなにお答え下さるよう、お願いいたします。（火野葦平「糞尿譚」）

「部屋をけがして、申し訳ない。あとしまつは、よしなに頼む」（林不忘「丹下左膳 こけ猿の巻」）

やぶさかではない

依頼や仕事を喜んで引き受けることを「やぶさかではない」といいます。物惜しみするさまの「やぶさか」を打ち消すので、物惜しみしない、努力を惜しまないという意味になるのです。「やりがいがあるので多忙な日々もやぶさかでない」「チームに参加できるのですから転勤もやぶさかではございません」といったように、ポジティブな感情を表現します。

▼更にあの女性の直観力に無限の敬意を払うのに決してやぶさかではない。（浜尾四郎「殺人鬼」）

ねんごろ

丁寧に、心を込めてという意味の語に「ねんごろ」があります。「ねんごろにお祈りしました」「ねんごろにご挨拶させていただいた」といったような使い方をします。「心を込めて」と言い替えることもできますが、「ねんごろ」がより丁寧な印象になるのは古い言葉ならではの魔法でしょうか。中原中也は「いと（非常に、きわめて）」と組み合わせて使い、さらに丁寧さを増す表現をしています。

▼私の上に降る雪に／いとねんごろに感謝して、神様に／長生したいと祈りました（中原中也「生ひ立ちの歌」「山羊の歌」より）

火をねんごろにおこして、好きな雨を聴きながら赤ペンをとっていた。（若山牧水「たべものの木」）

お手をいただく

なにかをしてもらったとき、なにかを依頼するときなどに使えるのが「お手をいただく」です。相手を上の位置に置き、「いただく」と自分をへりくだった表現です。「お手をいただき恐縮ですが」「大変お手をいただきました」という使い方で敬意を表します。「お手数ですが」よりも古風な印象を与えます。

▶老人《としより》は肩を揉《も》んで、頭《こうべ》を下げ、「これは何ともお手を頂く。」（泉鏡花「白金之絵図」）

謹んで

うやうやしく行うことの表現に「謹んで」があります。「謹んでお祈り申し上げます」「謹んで弔意を表す」といった言葉は、普段から特に意識もせずに使っていることでしょう。慶弔などのかしこまるべき場面はもちろんのこと「謹んでお受けいたします」「謹んでお待ちしております」といったように、相手を敬う気持ちを表現するときに使える言葉です。

▶有難く、謹んで、じりじりと仕事を遣って行くのだ。（宮本百合子「私の事」）

❷人の内面をたたえる

日常の会話や文章で人をほめるのは、相手の能力を伸ばすため、信頼関係を築くため、気持ちを伝えるためなどが目的でしょうか。ほめると相手は喜んだり、それを励みに頑張ったり。そしてこちらも嬉しくなったりします。創作の文章なら、ほめる言葉を選んで描写することで人物の性格や背景を読み取らせることができます。同じ意味の文でも使う言葉により雰囲気は随分違ったものになります。

しとやか 慎み深く、性格や言葉遣いや動作が物静かで上品なさまを「しとやか」といいます。育ちの良い女性に使われることが多いほめ言葉です。

▶小泉美枝子は、容姿うるわしく、挙措《きょそ》しとやかで、そして才気もあり、多くの人から好感を持たれた。（豊島与志雄「化生のもの」）

奥ゆかしい

品が良く、穏やかで、控えめ。そんな人をほめる言葉に「奥ゆかしい」があります。「ゆかしい」には心引かれるという意味があるため、その性格に好感をもっているときに相応しい言葉です。

贅沢でも華美でもないが、どこか奥ゆかしい風をしていた。（徳田秋声「或売笑婦の話」）

たおやか

ほっそりとしていて、動作がしなやかな人をほめる言葉に「たおやか」があります。「たお」は「たわむ」から変化した語で、力を加えられても折れるのではなく、弓のように曲がるさまです。ただ細いだけではなく、物腰が柔らかで優雅な美しさを感じる人に似合う言葉です。

けがらわしい、などという表現とはまったく縁のない、たおやかに美しい人であった。（山本周五郎「山彦乙女」）

ひたむき

ひとつのことに熱心に打ち込んでいるさまを「ひたむき」といいます。「ひたむきに勉強する」「ひたむきに愛する」など、努力したり情熱をそそぎ込んだりしているさまを表し、「ひたむきにさぼる」など、悪い意味で使うことはありません。「ひたむき」には、感心する、立派である、といった感情が含まれていると考えていいでしょう。

▼そして人びとは誰一人それを疑おうともせずひたむきに音楽を追っている。（梶井基次郎「器楽的幻覚」）

陰日向《かげひなた》がない

「陰日向」とは人目のあるところとないところのことで、裏表がない人のことを「陰日向がない」といいます。人目のないところでは悪口を言ったり、善意と見せかけて実は私腹を肥やすためだったりなど裏があるのは「陰日向がある」人です。「陰日向がない」は正直者で信頼できる人を称えるときの言葉です。

▼つやはこの家のために陰日向なくせっせと働いたのだった。（有島武郎「或る女（後編）」）

目に見えて陰日向がひどくなったから越してきた日に初めてミッチリと油を絞ってやったら、不貞腐れてすぐその晩のうち、小勇は飛びだしていってしまったのだった。（正岡容《いるる》「小説 圓朝」）

竹を割ったよう

さっぱりとしていて陰湿さがない性格のことを「竹を割ったよう」と

言います。竹に鉈《なた》などの刃物を打ち込むと、曲がることなく下までまっすぐに割ることができます。竹のそんな特徴と、まっすぐな性格を重ね合わせた言葉です。白黒がはっきりしていたり、終わったことにいつまでもこだわらない人に使いたい言葉です。

坊っちゃんは竹を割ったような気性だが、ただ肝癪《かんしゃく》が強過ぎてそれが心配になる。（夏目漱石「坊ちゃん」）

まめまめしい

「まめな人」というときの「まめ」は、勤勉さや真面目さを表す言葉です。漢字では「忠実《まめ》」と書き、字のとおり忠実さや誠実さをも表す語です。「まめまめしい」は「忠実」を重ねた形容詞です。かいがいしくよく働き、よく尽くす。そんな姿をほめたたえるときに似合います。

まめまめしい彼女は手をやすめることがなかった。（室生犀星「津の国人」）

生一本《きいっぽん》

純粋でひたむきな人、またはその性格を「生一本」といいます。もともとは混じりけのない優秀な日本酒を指す言葉でした。「生一本の決意」「生一本の教師」といった使い方をします。この一本道を行く、といった純白な心が字面からも感じられます。耳で聞くより文字（文章）で見せると効果的な言葉でしょう。

▼この限りでは菊池寛も、文壇の二三子と比較した場合、謂《い》う所の生一本の芸術家ではない。
（芥川龍之介『菊池寛全集』の序）

▼そうして私の喜ぶ事は度々の生活状態の変化はあっても、その素直な、生一本の気持が失われずに有る事である。（宮本百合子「M子」）

凛とした

「凛とした」は、他人におもねることなく、姿や態度がきりっとしている人やそのさまをいい、「凛とした姿」「凛とした女性」といった使い方をします。一本筋の通った涼やかな人物をたたえるときに相応しい表現です。

▼その顔立ちにはどことなく凛としたところがあって、何かこう思い切ったことをやりそうな眼つきをした男である。（モオパッサン 秋田滋訳「墓」）

慎み深い

軽率な言動をしない、慎重で控えめ、作法をわきまえている。そんな人を表する言葉に「慎み深い」があります。威張らない謙虚な人の形容に使いたい言葉です。

▼その男の方は、大変慎み深い方で、まだそういうようなことについては、なんにも口に出してお っしゃらないんですけれど、お友達の想像では……。（岸田國士「あの星はいつ現はれるか」）

▼彼は弱々しい微笑を浮かべ、一見つつしみ深い静かさで、坐っているのが普通であった。（坂口安吾「吹雪物語―夢と知性―」）

物堅い

物事に対して堅実で慎み深く、真面目であることを「物堅い」といいます。言い方を変えると「堅物」「頑固者」ですが、これらの表現にはとげを感じることもあるでしょう。一方「物堅い」はネガティブな印象はあまりなく、真面目であることをほめたたえた言葉です。道を踏み外すことのなさそうな実直な人、義理や恩を忘れない律儀な人に似合います。

▼福沢先生と我輩とは、生れ落ちると物堅い武士的教育を受け、性質も聊《いささ》か似通っておれば読んだ書籍も右の通り（大隈重信「福沢先生の処世主義と我輩の処世主義」）

目から鼻へ抜ける

「目から鼻へ抜ける」は抜け目がなく賢い人を表すことわざです。

目で見たことを即座に鼻で嗅ぎ分けて、真実を見極める力があるさまです。「目から鼻へ抜ける判断力」といったように、頭の回転が速い人をほめるときに使います。

▶体格が好く、押出しが立派で、それで目から鼻へ抜けるように賢く、いつでもぼんやりして手を明けていると云うことがない。（森鷗外「じいさんばあさん」）

目端が利く

場に応じて機転がきき、即断できる人を「目端が利く」といいます。目の端まで神経が行き届く、抜け目のない聡明な人物をほめるときに使います。

▶坂本には、そういう風に時勢への目はしが利くらしいところがあった。（宮本百合子「今朝の雪」）

そつがない

手抜かりや手落ちがないさま、無駄なく物事をすすめるさまを「そつがない」といいます。「そつ」は無駄な費用や無駄遣いのことです。「なんでもそつなくこなす」といった使い方で、優秀な人をほめるニュアンスをもちます。

▶長江先生の批評がさすがにそっくり当てはまる文章で、そつがなく行き届いている。（佐藤春夫「若き日の久米正雄」）

凄腕

けた外れの才能の持ち主やその手腕を「凄腕」といいます。「凄」の訓義は「すさまじい」です。程度のはなはだしさや、恐ろしいほどの激しさなどを意味する語なので、少し人より秀でている程度では使いません。人を大きく引き離すほどの実力者を称えるときに使いたい言葉です。

▶帝国新聞の社会部次長で、東京十五大新聞切っての凄腕、時々怪奇な事件を扱って、警視庁の専門家を驚かすという評判な男（野村胡堂「呪《のろい》の金剛石《ダイアモンド》」）

指折り

多くの中、あるいは一定の範囲において、指を折って順位を数えられるほど優秀なさまを「指折り」といいます。基本的には優秀なものに対して使われ、悪いものを数えるときには使いません。しかしながら、自虐や皮肉で揶揄的に使っている例も多くありますので、文例をご覧ください。「指は5本だから5番目までが指折り」というような明確な線引きはありません。

▶小えんは踊りも名を取っている。長唄も柳橋では指折りだそうだ。（芥川龍之介「一夕話《いっせきわ》」）…優秀なものの表現

そして頭の悪いことでも、この大学では指折りだ。（坂口安吾「牛」）…揶揄的な表現

それがね。あの歌原未亡人っていうのは、日本でも指折りの宝石キチガイでね。（夢野久作「一足お先に」）…揶揄的な表現

水際立つ

多数と比較して鮮やかで目立つことを「水際立つ」といいます。水のある場所と土の陸地にははっきりと差があるように、他と明確に区別できるほど能力のあるさまをいうのです。「水際立った作品」というような使い方で人や事物をたたえます。

▶前髪《まえがみ》立ちの素晴らしい美貌《びぼう》と、水際立った鮮やかな芸当に、すっかり江戸っ子の人気を掴《つか》んでしまいました。（野村胡堂「銭形平次捕物控 振袖源太」）

何故今朝桃はいつものように水際立って綺麗な顔には見えなかったのであろうとそんなことを物足りなく思って居た。（与謝野晶子「日記のうち」）

賢《さか》しい

「賢しい」は一言で言うなら字の通り「賢《かしこ》い」ということです。物事を判断する能力があること、分別があること、頭脳明晰であることなどを指し「賢しい手段を用いる」「賢しい人」といった使い方をします。よく似た語ですが「賢しら」は賢いふりという意味になるので注意しましょう。

▼二人の争いを未然に防ごうとして、紅琴が、世にも賢しい処置に出たのであった。（小栗虫太郎「紅毛傾城」）

生得《しょうとく》さかしい彼女はその一つ一つにすぐれた才分をあらわして、その道の師たちをおどろかしたものであるが、どれも末《すえ》を遂《と》げたものがなかった。（山本周五郎「日本婦道記 梅咲きぬ」）

したたか

「したたか」は漢字で「強か」と書き、字の通り強さを表します。苦しい状況にくじけなかったり権力や圧力に屈しなかったりすることですが、肉体的に強靭であることを指す場合もあります。強いという意味で使うのであればほめ言葉ですが、しぶとさや図太さといった悪意をこめた使い方もされます。

▼したたか者の新張眉香子は、さすがに顔色一つかえないまま、こうした無鉄砲な要求を即

座に引き受けたのであった。（夢野久作「女坑主」）

「驚きました、実に驚きましたな……三島一と言いながら、海道一の、したたかな鼠ですな。」（泉鏡花「半島一奇抄《いっきしょう》」）

玄人はだし

玄人がはだしで逃げ出すほどの腕前や作品を「玄人はだし」といいます。世には玄人はだしがたくさんいますので、この語を使う機会も多くありそうです。作品に触れたとき、料理を食べたときなどに「玄人はだしだね」といったように使います。似た語の「素人離れ」は、素人からかけ離れた腕前を持つ人のことをいいます。玄人が逃げ出すのか、素人からかけ離れているのか。両者の腕前は同じくらいだと思われますが、「玄人はだし」の方が洒落が利いていて趣を感じます。お好みで使い分けてみてください。

▶高校時代から西さんは特異な才能を感じさせていたようで、「シルクスクリーンで玄人はだしのレコードジャケットをデザインしていた」ことが、井上さんには印象深かったらしい。（富田倫生「短く語る『本の未来』」）

ぼくの父母も一驚《いっきょう》を喫《きっ》したそうだが、酒席となると、たいへんな芸能の才で、何をやっても素人ばなれがしていたそうである。（吉川英治「忘れ残りの記―四半自叙伝―」）

いぶし銀

金属に硫黄ですすをつけて曇りのある品にすることを「いぶす」といい、いぶした銀のように渋さや味わい深さがある人を「いぶし銀」と表現します。どれだけ渋さを感じても、この語を若者や女性に使うことはまずありません。ある程度歳を重ねて、渋さが魅力となっている男性をほめるときに使います。

目つきだけでやるせなさを表現する彼の演技力はいぶし銀というほかない。（著者作）

苦みばしった

「苦みばしった」は大人の男性の渋さや深みを表現した言葉です。言い換えればダンディーなおじさまというところです。壮年以降の男性に似合う言葉でしょう。

うけくちの唇の片方を少し歪《ゆが》め、けむったいような眼をする癖があった。そうすると苦みばしった好い男ぶりにみえた。（山本周五郎「秋の駕籠」）

やんごとない

通常ではない、重々しく権威がある、高貴で恐れ多い。そんな人のことを「やんごとない」といいます。古典文学でおなじみの表現ですが、近代の物語でも見かけます。ふんぞり返っている人に対して皮肉で使うのもよさそうです。

▶それより、やんごとなき身で、実の兄妹で深い恋に落ちた女性の名。（中里介山「大菩薩峠 年魚《あい》市《ち》の巻」）

せっかく、やんごとない客人が来られているというのに。（フランツ・カフカ 大久保ゆう訳「処刑の話」）

気が置けない

心から打ち解けて遠慮する必要がない間柄を「気が置けない」と言います。気が許せる、信頼できるというほめ言葉で、「親友」はまさに「気が置けない」関係性だといえます。

この語は意味が変わりつつあり、近年では「気が許せない」「信用できない」といった意味で使われることも増えてきているようです。「ない」と打ち消しを使うためかもしれません。

外出間際の来客は、気の置けない懇《こん》意《い》な人で、一緒に外を歩きながら話の出来る、そういうのが最もよい。（豊島与志雄「失策記」）

さきなんかは少しは千世子の望むのに近い女である。かなり気も利くし、気が置けないと云う点はこの上なしであった。（宮本百合子「蛋白石」）

❸ 人の外見をほめる

文章を書く上で人の見た目を描写することは非常に大切です。年の頃、顔立ち、雰囲気その他を知っているのは書き手だけであり、読み手はそれを受け取って脳内で人物を誕生させるからです。称える言葉で表現すれば、読者はその人物に好印象を持つことでしょう。

小ぎれい

身なりが整っていたり手入れが行き届いていたりと、すっきり清潔感があるさまを「小ぎれい」といいます。「小ぎれいな人」「小ぎれいな部屋」といった使い方をします。「きれいな人」は顔の作りやスタイルが美しい人を指しますが、「小ぎれいな人」は生まれ持った顔形ではなく、その人の意志で清潔に美しくしている印象です。

似た語に「小ざっぱり」があります「小ざっぱりした髪型」「小ざっぱりした部屋」といったように、余計な装飾がなくすっきりと清潔感があるさまを表します。新築でまだ空っぽの部屋に「小ざっぱりしてるね」と言うと違和感があります。人が住んでいるにもかかわらず、シンプルでミニマムな部屋だったり非常に清潔だったりしたときに「小ざっぱりしている」はしっくりきます。「小」は人の「意志」「行動」「感情」が介在していることに使う傾向があるのでしょう。

▼何時の間にか私の前の方で小ぎれいななりをしていた祖母は私の問いに格別考える様子もなく顔をうつむけたままどうでもいいような返事をしました。（伊藤野枝「白痴の母」）

そのかわりカレンは、小ざっぱりと、見ぐるしくない着物を着せられて、本を読んだり、物を縫《ぬ》ったりすることを教えられました。（ハンス・クリスティアン・アンデルセン　楠山正雄訳「赤いくつ」）

水の滴《したた》るような

肌などがみずみずしく美しい人をほめる慣用句に「水の滴るような」があります。「水も滴るいい男（女）」という言葉がよく知られているかと思います。みずみずしさを誇張した比喩の表現です。滴るほどのみずみずしさを前提に考えると、若い世代をほめる言葉なのかもしれませんが、実際には中年以降でも色気のある人にはこの表現が用いられているように感じます。

▶私は記念に、手早く写生させて貰いましたが、まことに水もしたたるような美しさでした。（上村松園「無題抄」）

僕はその一人を知っているが、彼女はもう三十五六歳にもなるのに、水の滴るような容色をしている。（豊島与志雄「画舫―近代伝説―」）

あだっぽい

「あだっぽい」とは色っぽくなまめかしいことで、そのような女性を「あだ者」とも言います。「あだっぽい流し目」「あだな年増」など年齢に関係なく使われます。「色っぽい」よりもなまめかしい空気が漂う言葉です。

▶その男に寄り添いながら、非常にあだっぽい大年増《おおどしま》がそろりそろりと歩いてきた。（国枝史郎「五階の窓 合作の五」）

非常に身長《せい》の高い女で、よく言えばすらりとした、悪くいえば半鐘泥棒式《はんしょうどろぼうしき》の、しかし、前身が前身だけにいまだに凄いような阿娜者《あだもの》だった（林不忘「釘抜藤吉捕物覚書 宙に浮く屍骸」）

要するに本当の生長がないような愚な魂がのぞけて見えるのだ。そのくせ、ひどく色っぽい。（坂口安吾「風と光と二十の私と」）

美々《びび》しい

華やかで美しいさまを表した語に「美々しい」があります。「美」を重ねるほどですから、傑出した美の持ち主こそ、この語に相応しいのかもしれません。男女問わず用いられる語で、風景などの形容にも使えます。

▶十数人のコーラス・ガールの中に、ひときわ美々しく着飾って、声も顔も仕草《しぐさ》も群を抜いた一人、それがこの場面の主人公、江川蘭子扮するところの花売娘であった。（江戸川乱歩「人間豹」）

ろうたけた

気品のある女性をあらわす和語に「ろうたけた」があります。漢字では「臈長ける」と書きます。「臈」とは、現代では年齢や経験を指します。「ろうたけた婦人」のように、ある程度年齢を重ねた人の描写に相応しい言葉です。

▶凛とした気品に冴え返った、ダンサーにあるまじい仮面のような冷やかな顔が、提灯のピンクの灯りに染められて、ふと臈たけたなまめかしさがあった。（織田作之助「土曜夫人」）

見目麗《うるわ》しい

顔かたち、スタイルなど、見た目の美しさを称える言葉に「見目麗しい」があります。現代の言葉で言うと超絶美人といったところですが「見目麗しい」を使うと、近寄りがたい品の良さを感じさせます。

▶板敷きの歩道を歩いて行く見目《みめ》うるわしい一人の婦人を、しげしげと見送った。（ニコライ・ゴーゴリ 平井肇訳「死せる魂 またはチチコフの遍歴 第一部第一分冊」）

小股が切れ上がる

「小股が切れ上がる」はスレンダーできりっと粋な女性をほめる言葉です。「小股が切れ上がったいい女」といった使い方がされます。モデル体型でクールな女性に似合いそうな表現です。

▶なにしろ怖ろしい女さ。二日のうちに二人の男を殺したのだからね。もっとも色の白い、小股の切れ上がった、好い女だったが……。（岡本綺堂「探偵夜話」）

快男児

さっぱりと気持ちのよい性格の男性を「快男児」「快男子」といいます。陰湿さやねちっこさがなく、快活。そんな人の表現に相応しい言葉です。似た語に「好男子」があります。好感が持てる男性、または顔立ちが美しい男性を指します。

▼君は、実際、快男児だ。その意気を押し通し給え。必ずものになる。（岸田國士「長閑なる反目（三場）」）

▼好男子で、もの優しくて、美しい声をしていて――要するに如何にも往年の「文学界」同人の一人らしい、甚だ瀟洒《しょうしゃ》とした先生である。（芥川龍之介「平田先生の翻訳」）

色男

顔やスタイルが優れていて、よくモテる男性を「色男」といいます。「快男子」や「好男子」は爽やかさや好感度を表しますが、「色男」は色気を含みます。セクシャルなものを感じさせる人に使いたい言葉です。

▼近ごろのだんなの色男ぶりときちゃ業平《なりひら》もはだしの人気（佐々木味津三「右門捕物帖 血染めの手形」）

男前

見た目がよい男性のことを「男前」といいます。「男前だけどスタイルが悪い」といったようにも使われますので、背格好は含まず顔立ちだけを指すのが一般的なようです。また、あとくされがなくサバサバとした性格を「男前」ということもあり、近年は女性を「男前な性格」などとほめる例も多く見受けられます。

▶在郷軍人なんだけれどね、一寸、男前がいいんだよ。（岸田國士「留守（一幕）」）

▶ジゴロは男前だが、腕ッ節も強く、この区域で睨みのきくアンチャンだった。（坂口安吾「都会の中の孤島」）

いなせ

粋で男気のある若い男性をほめる言葉に「いなせ」があります。発祥は江戸時代で、当時「鯔背銀杏《いなせいちょう》」という髪型がはやり、若者たちが好んだことからとされます。元々は男性をほめる言葉でしたが広く使われるようになり、垢抜けていてさっぱりとした色気のある女性を「いなせな女」と表現するようにもなりました。

▶その苦みばしった男ぶりを、一層いなせに見せている趣があった。（芥川龍之介「鼠小僧次郎吉」）

二枚目

見かけの良い男性をほめる言葉に「二枚目」があります。語の発祥は江戸時代の歌舞伎です。劇場には毎回、出演する役者の看板が8枚出され、色恋沙汰を起こす役の美男子は2枚目と場所が決まっていました。そのため、歌舞伎に関係なくイケメンを「二枚目」と呼ぶようになったのです。昭和時代にもまだ使われていた言葉ですが、イケメンという言葉に押されてか、最近は見かけなくなりました。少し古めかしさを出したいときに使ってみてはいかがでしょうか。

駒次郎は、女の子のように、少ししなを作ってお辞儀《じぎ》をしました。色の白さも、襟《えり》の青さも、裾《すそ》を引く単衣《ひとえ》の長さも、そのまま芝居に出て来る二枚目です。（野村胡堂「銭形平次捕物控―許嫁の死」）

優男《やさおとこ》 スマートで見た目がよく、物腰柔らかで上品な男性を「優男」といいます。また日本古来の風流や趣を理解し、芸術を愛する男性をほめるときにも使います。現代でいうなら草食系の美少年、美男子といったところでしょう。

色の小白い面長な優男が、そこの主人であった。（徳田秋声「あらくれ」）

臆病ではあるが、上品な優男であった。（スティーヴンスン　佐藤緑葉訳「帽子箱の話」）

美丈夫《びじょうふ》 美しく立派な男性を「美丈夫」といいます。「丈夫」は「じょうふ」「たけお」「ますらお」などの読みがあり、いずれも強さや勇ましさやたくましさなどを意味します。現代でいうならイケメンアスリートといったところでしょう。

躰つきこそ逞《たくま》しく堂々としているが、年も若く、色白で眉の濃いなかなかの美丈夫だったから、その人気たるやすばらしいものであった。（山本周五郎「抜打ち獅子兵衛」）

美童《びどう》 顔かたち、背格好が美しい少年を「美童」といいます。似た言葉に「美少年」があります。「美童」と「美少年」は、年齢を意識して使い分けると良いでしょう。辞書では「童《わらわ》」「童女《どうじょ》」「童男《どうだん》」など「童」のつく語について10歳前後だと記してあることが多く、一方、「少年」の定義は法律により異なりますので、広く未成年と捉えていれば良さそうです。

生れつき容姿端麗な美童だったから、董承《とうしょう》も身近くおいて可愛がり、家人もみな目をかけていた者だった。（吉川英治「三国志 臣道の巻」）

❹風景や物の状態を味わう

太陽は「お天道様」、味噌汁は「御御御付け」など、日本人は森羅万象に生命や神を見いだしたり、何気ない行いや事物に敬意を払って生きてきました。そして、そういったものと対峙したときの感情をさまざまな言葉で表現しています。一見風景や状態の描写のように見えて、根底には感情が潜んでいる――そんな言葉を集めました。

しつらえる

「しつらえる」は備え付ける、準備する、飾り付けるという意味で、室内の形容に使われることが多い語です。エアコンや湯沸かしなどの必需品の備え付けには「設置」「完備」などの漢語が思い浮かび、「しつらえる」は似合わない印象です。一方、「精巧な欄間をしつらえる」「書斎にしつらえた本棚」「客室のしつらえ」など、こだわりを投じたものや趣があるものを備え付けたときには和語の「しつらえ」がしっくりきます。日本の言葉は「心」や「感情」をこめた行為に似合うのだと感じさせられます。

▶店の雑作なども、最新式に建て直し、装飾も入念にしつらえる等、すべての設備に贅を尽し美を華めるという有様でなければ、すなわち東京の真ん中に割込んで立派な商店として仲間入りは出来ない。（相馬愛蔵「私の小売商道」）

たいらか

心が穏やかであることを「たいらか」といいます。平穏な心の状態を視覚的に「平《たい》ら」と表現した語です。「法話を聞き終えるとすっかり心は平らかになった」といった使い方をします。

▼珍しく不機嫌で心平らかでない様子だった。（豊島与志雄「新妻の手記」）

心を平らかにしてください。わしはあなたを責める気は少しもない。（倉田百三「俊寛」）

まどか

心が穏やかであることの表現に「まどか」があります。漢字では「円か」と書き、丸いという意味もあります。「丸い月」「まどかな月」同じ意味でも2つの印象はずいぶん違うと思いませんか。

ちなみに、角のない優しい味「まろやか」は「円やか」、丸くて愛らしい目の「つぶら」は「円ら」と書きます。「円」は形だけの丸ではなく、優しさや穏やかさや愛らしさなどの感情を伴った丸だと言えそうです。

▼今得たまどかな気分は忽《たちま》ち破壊せられたので、不安の眸《ひとみ》を放って、市街をおちこちと見廻わしていると、斜日に照らされて、夢の如く浮び出ているニコライの銀灰の壁が目に入る（木下杢太郎「市街を散歩する人の心持」）

ただ暖かい、まどかな、感じのいい楽に付き合える人間のようです。（北大路魯山人「私の作陶体験は先人をかく観る」）

香《かぐわ》しい

いい匂いの表現に「かぐわしい」があります。「香＋細《くわ》し」が語源で、細やかで美しいという意味を含んだ言葉です。単に「いい匂い」の言い換えではなく、上品さや美しさなどが感じられる繊細な香り、そしてそれに対する好感を込めたいときに使うといいでしょう。

「お姉さまこそ花束のようにかぐわしいのに」まるでシンからあやかさんの花やかさに見とれるようにウットリと言うのであった。（坂口安吾「不連続殺人事件」）

けざやか

鮮やかにはっきりと、際だって目立つさまを「けざやか」といいます。ひときわ目を引く美しいものに対して使われることが多い語です。

水のようにけざやかな秋の空は、美しい光りを孔雀《くじゃく》の翅《はね》のようにひろげて、その中に憧憬《しょうけい》の歓楽《かんらく》を夢みる二人は、本当に幸福なんですね（素木しづ「幸福への道」）

今宵も十六夜の月けざやか。（中村清太郎「ある偃松《はいまつ》の独白」）

乙

一般的、平均的なものとは違い、味があったり趣が感じられたりすることを「乙」といいます。小料理と地酒で「乙ですなあ」なんて場面を連想する言葉です。邦楽の甲《かん》（高い音）と乙（低い音）が語源とされます。主張のある高音より地味な低音に趣があることは、直観的に納得できるのではないでしょうか。

▼ オッ。乙なことを云うじゃないか。（坂口安吾「町内の二天才」）

なかなか乙な文章だよ。（太宰治「道化の華」）

粋

江戸っ子のほめ言葉「粋」。無駄な装飾がなくすっきりと垢抜けて、発言や行いもスマートであるさまをいいます。人となりや物に使われることが多い語ですが、相手をさりげなく思いやった行動などを「粋な計らい」と言ったりもします。

▼するとと奥から衣摺《きぬず》れの音がして三十格好の梵妻《ぼんさい》らしい粋な女が出て来た。（若杉鳥子「棄てる金」）

土志と変わって非常に大きな声で物にもよるだろうが唄い振り、節回しが頗《すこぶ》る粋だ。（佐藤垢石「美音《びおん》会」）

可惜夜《あたらよ》

「可惜夜」は明けてしまうのが惜しい、眺めのよい夜という美しい意味の語です。「明けるのが惜しいほど美しい夜」に名前をつけるとは、日本人の感受性に脱帽します。私たちの祖先は、夜の美しさを感じながら生きていたのですね。

また、月が美しく明るい夜のことを「良夜《りょうや》」といいますが、中原中也はこの語を「あたらよ」と読ませる詩作品を残しています。

▼「あたら夜を（あたら夜の月と花とを同じくは心知れらん人に見せばや）お帰りになるのですか」（紫式部 与謝野晶子訳「源氏物語 手習」）

疲れた魂と心の上に、／訪れる夜が良夜《あたらよ》であった……（中原中也「無題」『中原中也全詩集』角川ソフィア文庫）

されば今夜六月の良夜なりとはいえ（中原中也「初夏の夜」『中原中也詩集』岩波文庫）

ああ月は美しいな、あのしんとした中空《なかぞら》を／夏の八月の良夜に乗っきって。（ジュル・ラフォルグ 上田敏訳「月光」「牧羊神」より）

趣《おもむき》 そのものが持つ情緒や深み、にじみ出るような雰囲気、そういったしみじみとした味わいを「趣」といい、「趣のある街並み」といった使い方をします。古民家や民芸品などに感じる深みや味わいなどはまさに「趣」と言っていいでしょう。時代やそこに宿る魂に触れたときに、私たちは「趣」を感じるのかもしれません。また、自然で素朴な味わいを「野趣」、風情のある味わいを「風趣」といい、野生の趣や風情の趣を伝えるときに使います。

水田と立木と茅屋《ぼうおく》とが趣をなしているぐあいは武蔵野の一領分《いちりょうぶん》である。（国木田独歩「武蔵野」）

いもなども、原形のままの方が野趣があっておもしろい。（北大路魯山人「雑煮」）

かくてこの崖地、僅《わず》かの坪数ながら、自然の風趣に富む。（豊島与志雄『自然』）

むべなるかな 「宜《むべ》・諾《うべ》なるかな」はもっともだなあ、さすがだなあという意味の語で、「むべなるかな、これが新鮮という名の調味料である」といった使い方をします。「なるほど」

「もっともだ」の意味を持つ「むべ」に、詠嘆の「なるかな」をつけた言葉なので、「ああ、なるほどなあ」「さすがだなあ」といった心情の吐露の意味合いになるのです。

▶むべなるかな、今日私たちが中国の料理を味わって感心するものはほとんどない。（北大路魯山人「料理と食器」）

▶宜《うべ》なるかな。彼の健康なるや。（芥川龍之介「病牀雑記」）

かそけし

目を凝らしてようやく分かるほどのわずかな光や、耳をすまさなければ聞こえないほどの小さな音。そういったかすかな状態を「かそけし」といいます。漢字では「幽し」と書き、見えないほどの暗さや奥深さ、世俗から離れていることといった字義があります。「かそけ」の言葉の奥にはそのものに対する「畏れ」を秘めているのです。

▶まことにそれは、畳の上に幾すじもの小川が流れ、池水が湛えられている如く、一つの灯影を此処彼処に捉えて、細く、かそけく、ちらちらと伝えながら、夜そのものに蒔絵をしたような綾を織り出す。（谷崎潤一郎「陰影礼讃」）

▶白檀の幽けき花にふる雨の雨あし繁し細く見えつつ（北原白秋「春雨」「風隠集」より）

5 恋心や愛情を伝える

淡い恋心、激しい慕情、横恋慕などにまつわる言葉をあつめました。恋心は今も昔も変わらず人間とともにあります。胸をときめかせたり、片思いに苦しんだり、かなわぬ恋に身を焦がしたり……恋の悩みは時代を経ても全く同じ。少し時代をさかのぼれば、現代よりもたくさんの愛情表現の言葉が見つかります。

気がある

恋い慕う気持ちがあることを「気がある」といいます。ここでの「気」は恋心です。まだ付き合うところまで発展していない恋の表現に使います。

▼ あいつは貴方に気があるのです。（坂口安吾「禅僧」）

「飯尾さん、ばかにめかしているじゃないか、親爺に気があるのとちがうか」（矢田津世子「父」）

ほの字

「ほの字」は恋心の隠語です。「惚《ほ》れた」の語頭をとった言葉で「彼女は専務にほの字らしい」といった使い方をします。「ほの字」の丸みのある音相が、恋の始まりの楽しさを感じさせます。

▼「すみちゃん、あんた弟にちょいとほの字やな」（倉田百三「光り合ういのち」）

悲しいのも無理ないわね。ほの字だもの。（梅崎春生「風宴」）

片恋

片思いの古風な表現に「片恋」があります。「片思い」「片恋」意味は同じですが、比較すると「片恋」はどこか詩的で切なく、古風な空気を感じます。

▼放課後はカフェ菊水とか江戸カフェとかノーエンとかで、らちもない片恋をしたり、勿体振ってむずかしい読書に打込んだり、文章を書いたり。（淀野隆三「思ひ出づるままに」）

はかない／わたしの／片恋よ／はかない／わたしに／何故《なぜ》したの（野口雨情「片恋」「雨情民謡百編」より）

心ゆかしい

心がなんとなくひかれるさまを「心ゆかしい」といいます。「ゆかしい」は風情や気品があって心ひかれるようなので、自分を見失ってしまうような恋には似合いません。始まったばかりの淡い恋心や、静かに慕う気持ちなどに沿う言葉でしょう。

▶自然と人間の合作ともいうべき幻像を眺めるのは、何という心ゆかしいことであろうか。（中村清太郎「ある偃松の独白」）

憎からず

相手に好感を持っていることを「憎からず」といい、「以前から憎からず思っていた」といった使い方をします。「憎し」を「ず」で打ち消すので、「憎くない」という意味になるのです。遠回しな言葉ですね。軽く意識している、淡い恋心を持っているといった程度の感情です。反対の語を否定する技法で、あからさまな言葉を避けたいときに使うといいでしょう。

▶前々から山際さんは憎からず思っていましたのでつい「私もよ」と答えてしまい、その日は一しょに銀座へでて夜おそくまで遊びました（坂口安吾「我が人生観（六）日大ギャング」）

見初める

「見初める」は「一目惚れ」の古風な表現で、「職場で見初められて交際が始まった」といった使い方をします。「見初める」を使うと単なる一目惚れではなく、結婚前提の真剣なおつきあいというイメージがわくのは、古風な表現だからこそかもしれません。

▶どこかの品評会か守護聖人の日の集会で娘を見初め、恋に落ちました、誰でもそうでしょう?
(J・S・レ・ファニュ The Creative CAT訳「ドラムガニョールの白い猫」)

恋い慕う

「恋い慕う」は恋の古風な感情表現で「先輩を恋い慕う」といった使い方をします。「慕う」のみでも恋慕を表すことができ、ひたむきな目で相手を見つめ「ずっとお慕いしておりました」などと言えば、恋の告白に他なりません。

また「慕う」は、恋とは関係なく、目上の者や優れた者を尊敬したり憧れたりする気持ちを表す語でもあります。

▶生きていて、殿を恋い慕うより、水の底に入ってしまった方がずっとましかと思いまする。
(尾崎士郎訳「現代語訳 平家物語 第九巻」)
私は父を慕う心持で胸がいっぱいになった。(葛西善蔵「父の出郷」)

虜《とりこ》になる

他のことが見えなくなるほど夢中になるさまを「虜になる」といいます。「虜」はもともと、捕らわれた人や奴隷を指します。転じて、まるで心が捕らえられたかのように熱中するさまを「虜になる」というようになりました。一途な思いに相応しい語として、恋だけでなく事物に熱中するさまにも使われます。

▼僕は完全にあなたの虜になっていたんです。（岸田國士「泉」）

▼こんな風景のとりこでいるかぎり／おれはもう手摺のない暗い底ぬけの階段を／しかたなく降りてゆくばかりだ（三好達治「薄野」「駱駝の瘤にまたがつて」より）

のぼせる

「のぼせる」は他のことが見えなくなるほど熱中しているさまで、特に恋心に対して使われます。長湯や暑さでぼうっとしてしまうことや、怒りで逆上して見境《みさかい》がなくなってしまうさまも「のぼせる」といいますが、恋心もこの状態に似ていて、熱情でぼうっとしてしまったり、理性を失ったりします。淡い想いではなく激情にかられる恋に似合う言葉です。

▼ストリート・ガールにのぼせているような豹吉なんぞに、こんなに会いたいなんて、一体どうしたことだろう……。（織田作之助「夜光虫」）

惚《ほう》ける

心奪われて夢中になるようすを「惚ける」といいます。「遊び惚ける」「賭事に惚ける」など、主に感心しない行為に対して使われます。恋は悪い行為ではないものの、熱中しすぎて他のことが見えていない状態は好ましいとは言えません。恋のためなら他のことは二の次三の次……そんな感心しない状況のときに「惚ける」は似合います。

▼気付くとすっかり恋に惚けてしまい、仕事のミスがどんどん増えていった。（著者作）

首ったけ

どっぷりと恋にハマっているようすを「首ったけ」といい、「彼に首ったけ」といった使い方をします。足元から首までの高さ「首丈《くびだけ》」から生まれた語で、比喩としても面白いですし字面も心に残り、リズミカルでキャッチーな語です。うまく使って印象に残る一文を書きたいものです。

▼「何を云ってんだよ、この人は。私はお前に首ったけなんだよ。ほかの男はアブに見えるんだったら」（坂口安吾「吝嗇神《りんしょくしん》の宿 人生オペラ 第二回」）

恋わずらい

「恋わずらい」は、恋が原因で起こる悩みや落ち込みなどを病気に見立てた言葉で、「恋わずらいで食べ物が喉を通らない」といった使い方をします。疑心暗鬼になったり、嫉妬したり、食欲不振になったりなど、恋愛で経験する感情は全て「恋わずらい」とされます。ため息ばかりつく、ぼんやりしている、食欲がなくなる、どこか元気がない、上の空など、恋わずらいの症状は数え切れませんね。

▼極々《ごくごく》内気なひとでしたから、古風な恋わずらいをわずらい始めたのでございます。（江戸川乱歩「押絵と旅する男」）

焦《こ》がれる

「焦がれる」は激しくひたむきに恋するさまで、「焦がれる」のみでも使われますし、他の語と組み合わせて「恋焦がれる」「想い焦がれる」といった使い方もされます。体が焦げるような苦しみを伴《ともな》う、強い思慕《しぼ》の表現です。

▼「あたしに焦がれていたって、それ本当、セリョージャ？」
「なんで焦がれずにいらりょうか、ってことさ。」
「一体どんなふうに焦がれてたのさ？　それを話してお聞かせな。」（レスコーフ 神西清訳「ムツェンスク郡のマクベス夫人」）

そう思うとその無念やら怨恨《うらみ》やらは一層お宮を思い焦がれる情を切ながらした。（近松秋江「うつり香」）

身を焼く

「身を焼く」は、恋の苦しさを表した慣用句です。恋に苦しめられたり、翻弄《ほんろう》されたりするさまを、身が焼かれる苦しみにたとえているのです。順調で健全な恋ではなく、障害や悩みが多い恋に似合う言葉です。

▶ 人妻を盗むような必死な、空恐ろしい、それと同時に身を焼くように烈《はげ》しい恋に近い場合を、色々と尋ねてみた（菊池寛「藤十郎の恋」）

ぞっこん

心の底から惚れ込んでいることを「ぞっこん」といい「あの人にぞっこん」といった使い方をします。もともとは「そっこん」という清音の言葉で「心の底」という意味を持ちました。何から何まですべて好き、そんな盲目的な恋心を古風に表現できる言葉です。

▶ ああ、お説の通り、わいはぞっこん参ってまんねん。何がわるい？（織田作之助「青春の逆説」）

そのうえ、十八になったばかりの娘のお絹にぞっこんで、まるで夢中で見ちゃいられないとお六が言いますよ（野村胡堂「銭形平次捕物控 お六の役目」）

絆《ほだ》される 情《じょう》に突き動かされ、つい許してしまったり助けてしまったりすることを「絆される」といいます。「男に絆される」「情愛に絆される」など恋愛関係に使われることが多い語ですが、「懸命な姿に絆されてボランティアに加わった」など、恋愛以外の場面でも使われます。

■女のあなたがあの御愛情にほだされるのは当然で、だれも罪とは考えませんよ（紫式部 与謝野晶子訳「源氏物語 関屋」）

「情にほだされるこたあねえか」（山本周五郎「あすなろう」）

愛《め》でる 大切に可愛がったり、愛情を注いだりすることを「愛でる」といいます。「孫を愛でる」など弱い者や目下の者を愛おしむときや、「花鳥風月を愛でる」といったように自然を慈しむときにも使われます。その他、恋人など同格の者にも使われますが、目上の者に使うことはまずありません。

折口信夫は「文学を愛でてめで痴れて」という、文学愛に満ちた書き出しで始まる随筆『文学を愛づる心』を著しました。連体形で「愛づる」とすると古風さが増すことを感じます。

▶三人の捕虜《ほりょ》の美しい男ぶりを愛でてその生命を宥《ゆる》してやったことがあった。（フィオナ・マクラウド 松村みね子訳「女王スカァアの笑い」）

文学を愛でてめで痴れて、やがて一生を終えようとして居る一人の、追憶談に過ぎぬかも知れない。（折口信夫「文学を愛づる心」）

操《みさお》

「操」は誘惑に負けない気高さや意志のことで、恋愛上においては浮気をせずに貞節を守ることを指します。「操正しい」「操を守る」「操を立てる」「操の固い人」といった使い方をします。気高く清い人を表現する言葉です。

▶昔の女は、常に懐刀《ふところがたな》を離さずに、それで自分の操を守ったものだ。（菊池寛「真珠夫人」）

あだごころ

浮気心の古風な表現に「あだごころ」「あだしごころ」があり、「あだごころを起こしてしまった」といった使い方をします。「あだ」は「徒」と書き、一時的なことや浮気っぽさの意味を持ちます。また、好色であることを「あだあだしい」ともいいます。

▼あだごころ君をたのみて身を滅《おと》す媚薬の風に吹かれけるかな（北原白秋「桐の花」）

わが母君の像を見よ。心もあの貌《かおばせ》のように厳《いつく》しく、われにあだし心おこさせたまわず（森鷗外「文づかい」）

岡焼き

関係のない人が他人の恋愛に嫉妬することを「岡焼き」「岡焼き餅」といいます。要するに焼き餅です。ひどい言葉を投げつけたり陰で悪い噂を流したりと、岡焼きはいろいろな形で表れます。

▼岡焼半分に、石川は他に佳《い》い女があるので、捨てて往《い》くつもりだと云ってたきつけた。（田中貢太郎「唖娘」）

「君と青山とは、一生岡焼をして暮す人間だね。」（近松秋江「別れたる妻に送る手紙」）

色がさめる

恋心がさめることを「色がさめる」といいます。鮮やかだったはずの恋の色が、いつの間にやらあせてしまうのはままあることでしょう。嫌いになった、興味がなくなった、心変わりした——そんな気持ちをやんわり伝える言葉です。

▶去年の恋は今年は色がさめるものだと分っていても、だから恋をするなとは言えないものだ。
（坂口安吾「教祖の文学—小林秀雄論—」）

秋風が立つ

恋人や夫婦間の愛情が冷めることを「秋風が立つ」といい、「二人の間に秋風が立つ」といった使い方をします。秋と飽きを掛けた慣用句です。暑さが盛りを過ぎ、虫や花々が寿命を迎え始める季節の寂しさと、愛情が失われる寂しさをうまくリンクさせた言葉です。掛詞《かけことば》ですから闇雲に使うのではなく、季節を踏まえた使い方をすると味わい深くなりそうです。

▶春に出会った人と灼熱の恋をして、十五夜を迎える頃に秋風が立った。（著者作）
30度を超える日が続く中、季節はずれの秋風が吹いた。（著者作）

第6章 不安定な気持ちを表したいときのことば

喜び、怒り、悲しみなどは表情や声に表れやすい感情ですが、不安や心配などは表に出にくいため他人にはなかなか気付いてもらえません。腑に落ちない出来事やつきまとう不安など輪郭がはっきりしない感情は自分の気持ちでも言語化しづらいものです。第6章には、恐怖・驚き・心配・苦悩を表す言葉を集めました。表現しづらい感情の輪郭がつかめますように。

❶予期せぬ驚きや恐怖を伝える

まずは「驚き」や「恐怖」の表現です。驚くことと怖がることは遠いようで実は密接した関係にあります。怪談に震えたり、事件や事故に巻き込まれて怖い思いをしたりなど恐怖の場面はさまざまありますが、恐怖を感じるその直前に「そんな怖い霊が？」「車にひかれる！」といったような驚きが訪れているのです。驚きは単純に驚きのまま終わることもありますが、一瞬の驚きから焦りが派生したり、恐怖に発展したりすることもあります。例えば、慣用句「肝をつぶす」は驚きの言葉でもあり、恐怖の言葉でもあるのです。驚きと恐怖の境目はあいまいです。純粋な驚きなのか、恐怖に変わったのか、両者入り混じったものなのか——あなたが表現したいのはどんな感情でしょうか。

息をのむ

強い驚きや恐怖などで一瞬息をとめることを「息をのむ」「声をのむ」といい、「息をのんで聞き入った」「悲惨さに思わず声をのんだ」といったように使います。事故を起こしそうになったり、憧れの人に偶然出くわしたり、美しい風景と出会ったり。息をのむシチュエーションは無数にあるかと思います。一瞬息ができない状態になるのですから、普通ならありえない出来事と遭遇したときに似合います。

息をのんで、叢中《そうちゅう》の声の語る不思議に聞入っていた。（中島敦「山月記」）

陸上競技場のトラックで先頭を走っている人を、次の人が抜いていく時、あの緊張しきった瞬間、人々は、黙って、息をのむ瞬間がある。（中井正一「美学入門」）

肝を冷やす

非常に驚き、ヒヤリとすることを「肝を冷やす」といいます。「猛スピードの車が横切り肝を冷やした」「彼女にスマホチェックされ肝を冷やした」といったように使います。肝とはその昔、魂があるとされた場所、または魂そのものです。驚いて魂が冷え冷えするのですから、命に関わりそうなほどの驚き方です。似た語に「肝をつぶす」があります。また、野村胡堂は強い驚きの表現に「肝を奪う」を使用しています。こちらもまた命を落としそうな表現です。太宰治は肝を冷やしている心境や状況をリアルに表現しています。少々長い例文ですがご参考にどうぞ。

■外の足音にもいちいち肝を冷やして、何かしら自分がひどい大罪でも犯しているような気持になり、世間の誰もかれもみんな自分を恨みに恨んでいるような言うべからざる恐怖と不安と絶望と忿懣《ふんまん》と怨嗟《えんさ》と祈りと、実に複雑な心境で部屋の電気を暗くして背中を丸め、チビリチビリと酒をなめるようにして飲んでいる。（太宰治「禁酒の心」）

赤崎才市の話は、厄介の貝六の肝を奪いました。（野村胡堂「大江戸黄金狂」）

肝をつぶす

非常に驚くことを「肝をつぶす」といいます。魂や心を意味する「肝」がつぶれるのですから、驚きレベルはかなり高めです。使い方に決まりはありませんが「車に血の手形がついていて肝をつぶした」には納得するものの、「美しい風景に肝をつぶした」は少し違和感を覚えます。もちろん敢えて使うこともあるかと思いますが、「肝をつぶす」はどちらかといえば感動ではなく、恐怖寄りの驚きに似合いそうです。

▶これを見た坊さんは肝を潰して思わず、
「アッ。そっちにはお金はありません、ありません」と言いながらあとからかけて来ました。

（夢野久作「ツクツク法師」）

色を失う

恐怖や衝撃で顔色が変わることを「色を失う」といい、「師匠の怒りを買い、色を失った」というように使います。ここでの色とは顔色のことです。「血の気が引く」や「青ざめる」も同じ意味の語です。恐れ（畏れ）やショックなどで一瞬表情が凍り付いたときに使います。

▶その顔は不安のために全く色を失っていた。（アーサー・コナン・ドイル 三上於莵吉訳「暗号舞踏人の謎」）
そのときの升田の驚愕といったらなかった。ガクゼン顔色を失うとは正にこのことで、朝から真ッ蒼の顔がさらにガクゼンと色を失った。（坂口安吾「明日は天気になれ」）

たまげる

非常に驚くさまを「たまげる」といい、漢字では「魂《たま》消《げ》る」と書きます。命が消えるような表現ですが、微笑ましさも感じます。昔話のセリフ「こりゃたまげた！」を思い出させるからかもしれません。使いどころは昔話以外にもありますので、文学作品の例もご覧ください。

▶「たまげたなあ。とっても素晴らしいところだなあ」（有島武郎「骨」）
その三十人がことごとく抜き身を携《さ》げているには魂消《たまげ》た。（夏目漱石「坊ちゃん」）

顔じゅうほうたいだらけの、色眼鏡《いろめがね》をかけて、おっそろしく口の大きな、へんな顔の客がいるじゃねえか。おどろいたの、なんのって……おったまげたよ（ハーバート・ジョージ・ウエルズ 海野十三訳「透明人間」）

おっかない

怖い、恐ろしいという意味の語「おっかない」。江戸で使われていた言葉のせいか、語尾を変えて「おっかねぇ」と言いたくなります。「おっかない」は方言でもありますので、「怖い」と比べてどちらの恐怖度が高いかは比較しづらいものがありますが、「おっかない」の響きや字面はどことなく柔らかくユーモラスな印象です。「たまげた」と同様に「おっかない」も昔話でなじんだ言葉なので、柔らかさや微笑ましさを感じるのかもしれません。

とはいえ、「うちの母ちゃんはおっかない」には微笑ましさを感じるものの「部長が怒るとおっかない」には笑えないものを覚えますし、「あの辻にはおっかねぇ鬼が出るそうだ」にはもはやや生命の危険すら感じます。世界観や場面で怖さレベルは変わります。

▶いまこの村に、おっかねえことが、おこってるだよ。おまわりさんでも、どうにもできねえような、おっかねえことがよ。（江戸川乱歩「天空の魔人」）

喧《やかま》し屋のおっかない爺さんよ。（アントン・チェーホフ 神西清訳「追放されて」）

そそけ立つ

ゾッとして身の毛がよだつことを「そそけ立つ」といい「背後に人の気配を感じてそそけ立った」というように使います。「そそける」とは毛が乱れたり表面が毛羽立ったりするさまです。「そそけ」という語感も、肌に冷たい風が吹き付けたよう。全身の毛が逆立つような思いのときに相応しい言葉です。

▶宮は生命のそそけ立ちをその全姿に見せはしたが、しかし御狼狽などではない。お驚きはすでに超えていたのである。（吉川英治「私本太平記 建武らくがき帖」）

それらの無数な精霊《しょうりょう》に内心で直面するとき、正成はいつもそそけ立ッた面《おも》もちになる。（吉川英治「私本太平記 湊川帖」）

泡を食う

驚いてあわてたりまごついたりするさまを「泡を食う」といいます。「泡」は「あわてる」からの当て字で、ぶくぶく吹く泡とは関係ありません。単に驚いた状態ではなく、あわてふためいているさまに相応しい言葉です。

▼縁側ではおじさんが「うははははうははははは」と、泡を食ったような声で呶鳴《どな》っていた。（林芙美子「風琴と魚の町」）

▼腹が減った、飯だ、飯にして呉《くれ》という騒ぎなんでしょう。私は泡食って仕度したんですよ。（甲賀三郎「青服の男」）

ほうほうの体《てい》

あわてて逃げ出したり、恐縮して場を引き上げたりするさまを「ほうほうの体」といいます。「ほうほう」は漢字で「這う這う」とかき、今にも這って逃げ出しそうな様子を表した語です。「敵はほうほうの体で逃げ出した」「企画の甘さを指摘されてほうほうの体でプレゼンを終了した」といったように使います。

▼狼はほうほうの体で逃げ帰り、いまいましそうに、この事を仲間に告げました。（岸田國士「カルナックの夏の夕」）

面食らう

「面食らう」は突然のことに驚いて慌てるさまで、「旧友の訃報に面食らった」といったように使います。由来は栃の実を原料とした「栃麺」を作るときの様子だとされます。材料がすぐに固くなるため急いで作らねばならず、その慌てふためくさまから生まれた語だとか。由来を踏まえると、「ただ驚いただけではなく、慌てふためいていること」がこの語を使うか否かの見極めになりそうです。直木三十五は、日本にアメリカ文化が流れ込んできた勢いに、文学が面食らったという擬人法を用いています。西洋文化の勢いに文学者及び関係者が戸惑い、作品にも影響があったことがうかがえます。

▶忍はひどく面食って、素っ頓狂な大声で叫んだ。（坂口安吾「蒼茫《そうぼう》夢《む》」）

文学はこのあわただしさに耐え兼ね、面食った形である。（直木三十五「大衆文芸作法」）

吐《と》胸《むね》を突く

突然の出来事に驚いてドキッとすることを「吐胸を突く」といい、「夜道で声を掛けられ、吐胸を突かれた」といった使い方をします。「吐胸」は現代ではあまりなじみがないので、大人っぽく難しい語を知ったような気になってしまいますが、新美南吉は子ども向けの作品の中で「とむねをつかれたような」と使っています。

▶海蔵《かいぞう》さんは、とむねをつかれたような気がしました。（新美南吉「牛をつないだ椿の木」）

▶この話を聴いて、お時は困った事ができたと吐胸をついた。（岡本綺堂「箕輪心中」）

わななく

恐ろしさ、寒さ、緊張、病など、さまざまな原因で体がふるえることを「わななく」といいます。「全身がわなないた」といった使い方をしますが、「星がわななく」など人体以外にも使われる言葉です。漢字では「戦慄《わなな》く」と書きますが、音読みの「戦慄《せんりつ》」は意味が少々異なり、「恐怖を伴う震え」に限定されます。

また「わななく」を重ねて「わななくわななく」という表現もあります。「恐る恐る」「わななきながら」という意味で「赤ん坊をわななくわななく抱き上げた」といったように使います。

▶「私の母様に触っちゃいけません！」あなたの唇はわななき、眼は怒《いかり》と涙で輝いて居た。（竹久夢二「少年・春」）

▶ほとんど、いろはから教えたたかれて、そうして、どうやら一巻、わななくわななく取りまとめた。（太宰治「創作余談」）

雲を霞《かすみ》と

一目散に逃げ出すさまを表したことわざに「雲を霞と」があり、「雲を霞と逃げ出した」といったように使います。語源は定かではありませんが、辞書によっては「行方をくらます」という意味が掲載されていて、「雲隠れ」を連想させます。雲か煙幕ではもはったかのように行方が分からなくなったときに使いたい語です。

▶私が学校を休んで海岸でねころんでいると家庭教師（医大の学生）が探しに来て雲を霞と逃げのびると彼も亦旺盛なる闘志をもって実に執拗に追っかけて共にヘバッた（坂口安吾「ぐうたら戦記」）

彼等はあたふたと逃げ惑って、道を選ぶ余裕なく取るものも取りあえず流れへ飛び込み田畑をまたいで、雲を霞と壮烈な遁走を試みるのであった。（牧野信一「夜見《よみ》の巻『吾が昆虫採集記』の一節」）

❷ 気がかりな思いを伝える

頭から離れない心配ごと、拭っても拭いきれない不安、解消されないまま抱え続けている悩み。これらは静かな感情で、察してくれといってもなかなかそうはいきません。言葉にしない限り他人には伝わりにくいものです。言葉をうまく使いこなして、内にこもっている不安、心配、苦悩といった感情を表現していきましょう。

気もそぞろ

「気もそぞろ」は、気持ちがそわそわと落ち着かないさまを表した慣用句で、「試験勉強中なのにケーキがあるので気もそぞろ」といった使い方をします。「そぞろ」は漢字では「漫ろ」と書き、とりとめもなく・むやみに広がるなどの意味があります。集中できず、とりとめもなくむやみに意識が広がっているときに使いたい表現です。

▶私はもう気もそぞろに、じっと耳をすまして、土蔵の中の気勢を窺ったのでございます。（江戸川乱歩「人でなしの恋」）

そわつく

「そわつく」は「そわそわ」＋「つく」で構成された言葉で、そわそわと気持ちが落ち着かないさまを表し、「合否発表は今日なので朝からそわついている」といったように用います。

「つく」はオノマトペ（擬声語・擬態語）に付いて様子を表す語です。「ぐらぐら→ぐらつく」「むかむか→むかつく」といった具合です。オノマトペを使いたくないときに出番がありそうですね。とはいえ、はらはらすることを「はらつく」とは言いません。全てのオノマトペに応用できるわけではないので注意しましょう。

▶何となくそわつき電話をかけ、お琴をよぶ。（宮本百合子「日記 一九二五年（大正十四年）」）

気骨《きぼね》が折れる

心配や気苦労など精神的な疲れを意味する語に「気骨が折れる」があります。「手の掛かる部下で気骨が折れる」といった使い方をします。手を尽くしたり世話を焼いたりすることを「骨を折る」といいますが、「気骨を折る」はその中でも精神的な苦労や疲れを指す語です。

気をつけたいのが「気骨」と書いて「きこつ」と読む場合があることです。「きこつ」は妥協や屈服を許さない強い意思のことで、「気骨のある組織」「気骨ある青年」といった使い方をします。

▶とても重苦しくて気骨の折れる人、もう滅多には逢うまいと思います。（岡本かの子「愛」）

あんな所へ始終いってる男の方たちは、気骨が折れると思うわ。（横光利一「旅愁」）

狐につままれる

「狐につままれる」は、思いがけない出来事や意外な展開があり、事情が把握できずにぽかんとするさまを表した語で「狐につままれたような顔」「狐につままれたような気持ち」といったように用いられます。その昔、狐や狸は人間をだますとされました。そういった時代に生まれた面白い比喩です。嘘みたいで信じられない、これドッキリじゃないの？　といったような気持ちのときに使いたい表現です。

▶宿へは無事に辿《たど》りついたが、当時の狐につままれたような心もちは、今日《きょう》でもはっきり覚えている。（芥川龍之介「京都日記」）

まるで、狐につままれたみたいに、口をあけて、ぽかんとしてたよ。（岸田國士「放浪者」）

針のむしろ

ほんの一瞬も安らぎがない、常につらい境遇に置かれていることのたとえに「針のむしろ」があります。「むしろ」とは昔の敷物のことです。針が植えられたむしろの上に座っているようであるとたとえているのです。逃げようにも逃げられない、その苦しみをしばらく味わうしかない、そんな状況のときに使ってみましょう。

▶針の筵《むしろ》の一日一日がすぎて、もう、こんなに涼しくなってまいりました。（太宰治「燈籠」）

文三は針の筵《むしろ》に坐ッたような心地。（二葉亭四迷「浮雲」）

苛《さいな》まれる

「苛まれる」は責め立てられて辛い気持ちになったり、追い込まれたりするさまをいいます。「罪悪感に苛まれる」はよく出会う表現ではないでしょうか。「後悔の念に苛まれる」「良心の呵責に苛まれる」といったように自己の内面の葛藤に多く使われます。対して、責め立てたりいじめたりする側の行為を「苛む」といいます。

▶**人は生れると直ちにこの「不可能」と「欲求」との間にさいなまれる。**（有島武郎「惜みなく愛は奪う」）

後ろ暗い

気がとがめる、自分に恥じるところがある。そういった心情を表す語に「後ろ暗い」があります。人は隠しておきたいことを自分の前面に置くことはありません。見えないように後ろの方、隠すように暗いところに置くはずです。そんな気持ちをとらえた言葉で「あの場で席を立ったのは後ろ暗い気持ちがあるからだろう」といったように使われます。「後ろめたい」と同義語ですが、「暗い」というワードのせいか「後ろめたい」よりも少し重みを感じさせます。

▶**いやもうから意気地がござりません代わりにゃ、けっして後ろ暗いことはいたしません。**（泉鏡花「夜行巡査」）

路を歩いている人みなが、何か必ずうしろ暗い罪をかくしているように思われて来ました。（太宰治「ヴィヨンの妻」）

憂き身をやつす

「憂き身をやつす」とは、体がやせこけてしまうくらいひとつのことに熱中するさまです。「憂き身」とは心を悩ますことの多い身で、「やつす」とはやせたりみすぼらしい姿になったりすることです。「仕事そっちのけで恋に憂き身をやつした」といったように使います。賭事、道楽、趣味など主に非生産的な行為に対して使われ、良いことに熱中する場合には使いません。大切なことを二の次にして熱中しているときの表現に用いられます。

似た語に「寝食を忘れる」があります。睡眠や食事を忘れるほどですから「憂き身をやつす」と同様にやせこけてしまうのかもしれませんが、こちらは非生産的な行いに限定されず「寝食を忘れて勉学に励む」など、ポジティブな意味にも使われます。

▶日本人は独創的という一大事業を忘れて、もっぱら与えられたワクの中で技巧の粋をこらすことに憂身をやつしている（坂口安吾「散る日本」）

とつおいつ

「とつおいつ」は、ああでもないこうでもないと悩むさまを古風に表現した語です。「次のイベントで使う音楽はいつも通り明るい曲がいいのか、客層を考えるとしっとり調が受けるのかととつおいつ悩み、一夜を明かした」といったように使います。

「とつおいつ」は「取りつ置きつ」が変形した言葉です。ものを取ったり置いたりして、こちらだろうかあちらだろうかと悩んでいるようすを表しているのです。

▼皆に知らせようか、どうしようか、とつおいつ思案をしている中《うち》に時間が経《た》つ、若しこのまま明日の朝まで知れずにいたら、どうなるだろう。（江戸川乱歩「夢遊病者の死」）

——紀久子の思いはこんな風にとつおいつしていた。（矢田津世子「父」）

たゆたう

心が決まらず、あちらに流れたりこちらに流れたりするさまを「たゆたう」といい、「愛と憎しみの間をたゆたう」といったように使います。「たゆたう」といえば「波打ち際に浮かんだボールがたゆたう」のように物の動きをとらえた表現を思い出す方も多いことでしょう。「たゆたう」の特徴は、風や水など「流れ」のあるものにあおられて、ふわふわゆらゆらとしている様子です。これを前提にすると心の状態もよく分かります。思考の「流れ」に身を任せて安定しない感情の表現に似合います。

▶彼女の方にも、高氏の何かに惹かれているたゆたいがあったのは是非もない。（吉川英治「私本太平記 あしかが帖」）

▶半之助は胸のなかに、あまやかな、温かい感情のたゆたいを覚えながら、青澄んだ明るい山道を、登っていった。（山本周五郎「山彦乙女」）

由々《ゆゆ》しい

ことが重大なため放置できない、放置すると大変な事態になる。そんなときに使いたい言葉が「由々しい」です。「これは由々しき問題である」という表現はよく出会うのではないでしょうか。「由々しい」には、忌まわしさや不吉などの意味もあります。忌まわしく、不吉な問題に対処するときに使うといいでしょう。

▶我々が子孫に残す文化的遺産が非常時以外に通用しないようなもの、国民生活を低く貧しくするようなものであっては由々しいことであります。（岸田國士「世界的文化の母胎」）

▶之を専門の科学者だけの精神と理解することは、勿論由々しい誤りである。（戸坂潤「最近日本の科学論—緒論の部—一般的特色について—」）

まんじりともしない

「まんじり」とは少し眠ること。この語は打ち消しを伴って「まんじりともしない」と用いるのが一般的で、一睡もしない、少しも眠らないという意味を持ちます。この語自体は感情を含むものではありませんが、「まんじりともしない」を用いる場面は、「思い悩んでまんじりともできなかった」など、心配や悲しみなどで一睡もできないときに使われることが多く「楽しく飲み歩いてまんじりともしなかった」のように楽しさの表現に使われることはあまりありません。「眠らない」のではなく「眠れない」ときの表現だと意識するといいでしょう。

大変な事が起こるのではないか、不吉な知らせが来はしないかと思って、朝までまんじりともしない晩が幾夜つづいたかしれやしません（山本周五郎「樅ノ木は残った 第四部」）

旗色が悪い

物事が好ましくない方向に向かっているさまを表す言葉に「旗色が悪い」があります。「旗色」とは戦場での軍旗の様子で、そのはためき方で戦況の優劣を知りました。転じて現代では立場や状況、ことの成り行きなどを表す語となりました。「旗色をはっきりさせる」「旗色が良くなる」というようにも使われますが、「旗色が悪い」と否定を伴って使われることが多く、負けは決定していないものの希望は持てないという状況のときに用います。

▼理由はどうあろうとも、旗色の悪いほうに味方せずんばやまぬ性癖を私は有《も》っている。（太宰治「散華」）

兄が内心好いている女の子がありましたが、あまり旗色がよくないようで、兄は困って居りました。（太宰治「兄たち」）

荷が勝つ

「荷が勝つ」は、責任や負担が大きすぎるという意味で、「私にはまだまだ荷が勝ちすぎます」といったように能力以上の責任を負うときなどに用いられます。「荷が重い」と同義語で、重責を負う不安や心配を表すときに適しています。

▼彼女も「人生の首途」にしては荷が勝ち過ぎることを悟ったのであろう。（中村地平「悪夢」）

にっちもさっちも

「にっちもさっちも」は、どうにもこうにも身動きがとれず困り果てているようすを表す語です。「にっちもさっちもいかない」と打ち消しを伴って用います。漢字では「二進も三進も」と書き、語源はそろばんの割り算です。二《に》進《しん》一《いん》十《じゅう》三《さん》進《しん》一《いん》十《じゅう》で繰り上がりがなく、商売が成り立たないという意味からきています。もう逃げ道がない、行き詰まっている、絶体絶命、といったときに似合う言葉です。

▼そのときは栄子自身も不景気で、にっちもさっちもいかない状態だった。(山本周五郎「青べか物語」)

抜き差しならない

刀を抜くことも差すこともできない状況、つまり身動きできない苦悩の状況を「抜き差しならない」といいます。刀の鯉口を切った(鞘の口から少し刀を引き出すこと)ものの、相手に戦う意思がなかったり、自分にとって強すぎる相手だったり。しかし刀を戻すのは武士の誇りが許さない……進退これきわまる苦境です。「抜き差しならない羽目に陥った」というように苦境の表現にも用いられますが、「二人は抜き差しならぬ関係」など動かしようのない(切っても切れない)間柄を表すときにも使われます。

▼自分は抜き差しならぬほど、伯爵にむすびついてしまっている。(リットン・ストレチー 片岡鉄兵訳「エリザベスとエセックス」)

▼だんだん私は抜き差しならん深みい陥《はま》って行きましてんけど、「こいではいかん」思たところで、もうそうなったらどないすることも出来しません。(谷崎潤一郎「卍」)

のっぴきならない

どうしても避けられない、自分の行いや努力では変えることのできない状況を「のっぴきならない」といい、「のっぴきならない事情で欠席させていただきます」といった使い方をします。漢字では「退っ引きならない」と書き、退《ど》くことも引くこともできない状況で、苦悩を感じさせる言葉です。

▶ 往くも千里、帰るも千里というような、のっぴきならない文学の野原のまん中に立っていた（太宰治「わが半生を語る」）

足もとに火がつく

危険や不幸が迫り、逃げ場がない状態の比喩に「足もとに火がつく」があります。「足もと」とはその人のごく身辺を指します。人間関係や金銭関係がひっ迫しているときや、スケジュールが押しているときなどに使います。火が迫っているのですから、消火するか逃げるか……でなければそのまま焼かれてしまいます。緊急に手を打たなくてはいけない事態に陥ったときに相応しい表現です。

▶ パワハラを部内で糾弾された上、競合他社と内通していることが上層部にばれ、我が世の春を謳歌していた彼の人生もとうとう足もとに火がついた。（著者作）

心掛かり

心に引っかかること、心配なこと、不安なことなどを「心掛かり」といい、「一人暮らしをしている祖父のことが心掛かりだ」といった使い方をします。辞書では「気掛かり」と同義だとされていることが多いのですが、「気掛かり」よりも「心掛かり」の方が強い心配、深い思いのような印象を受けませんか。

「心」と「気（持）」の違いを考えてみましょう。「心」はその人の根幹をなす核のようなもの。「気持ち」は心が発するものではないでしょうか。「心」はそうそう変わりませんが「気持ち」は瞬時瞬時に変わります。「エビフライが好き」というのは心で、瞬時に変わったりすることはありません。「でも今日はカキフライがいい」というのが気持ち・気分です。休憩時間にお茶を飲んだりして「気持ちを入れ替える」ことはありますが、「心を入れ替える」は生き方や姿勢を変えることです。やはり「心」は深いところにあるものだと考えます。「心掛かり」「気掛かり」の印象が違う秘密はここにありそうです。

▶こいつもあるいはおれと同一の運命に陥《おちい》るために生れて来たのではなかろうかと考えると、今度は大いに心がかりになった。（夏目漱石「門」）

主婦が外に出て、何よりも心にかかるのは子供のことです。（羽仁もと子「女中訓」）

くわばら

「くわばら」は災難をよけるためのおまじないで「くわばらくわばら」と重ねて使います。元は落雷を防ぐための呪文でしたが、さまざまな災いに対しても使われるようになりました。現代での使用例は「今日の部長、機嫌悪いな。くわばらくわばら」といった文が考えられます。災難に対する心配や不安があるときに使いたい言葉です。

▼それこそ「帝国信用金庫」ならぬわたしが大破産してしまう。くわばら、くわばらであった。
（秘田余四郎「字幕閑話」）

いつ、どんな者に早変わりするかわからねえんだから、もういっさいかかわり合いはくわばらくわばらでごぜえます（佐々木味津三「右門捕物帖 七化け役者」）

浮足《うきあし》立つ

「浮足」とは、かかとが地面から上がっている状態をいい、「浮足立つ」は不安や恐怖などで今にも逃げ出しそうなさまを表した言葉です。「深夜に墓場の横を通り過ぎるときは、どうにも浮足立ってしまう」というような使い方をします。近年では、期待で胸がふくらむさまだと捉える人が増え、元の意味で使われることが減っているようです。「うきうき」「浮き立つ」と音が似ているからでしょう。

今また秀吉の追撃があるとなると、もう浮足立つ計《ばか》りである。（菊池寛「賤ヶ岳合戦」）

浮き足だったらおしまいだ。混乱に陥ったら何もできなくなってしまう。（永井隆「長崎の鐘」）

きな臭い

うさん臭かったり怪しさを感じたりするときの表現に「きな臭い」があり、「あまりにもうまい話できな臭い」といった使い方をします。物事を見極めることを「嗅ぎ分ける」といいますが、怪しい匂いは敏感に嗅ぐ必要があるのです。また、戦争が起こりそうな空気感を「きな臭い」ともいいます。野村胡堂は、妙な出来事に出会って訝しがる表情を「キナ臭い顔」と表現しています。

「親分、どうもますます変ですよ」

八五郎のキナ臭い顔が飛込んだのはまだ朝のうちでした。（中略）「何かの禁呪にそんなのはなかったかい」

平次の顔も少しキナ臭くなりました。（野村胡堂「銭形平次捕物控　二階の娘」）

度を失う

慌てふためいて冷静でいられないさまを「度を失う」といい、「家の鍵をなくしたことに気づき度を失う」といったように用います。「度」とは物事を判断する「尺度」のこと。つまり判断基準です。どう対応したらいいのか、どう行動すべきなのかの基準を失うほどの慌てぶりを書くときに使ってみましょう。

▼「この頃の若いものは精神修養が足りないから、何かというと慌てくさって度を失う。困ったものだ」（佐々木邦「ガラマサどん」）

うろ覚え

確かでない記憶を「うろ覚え」といい、「一応勉強はしたのだけど、うろ覚えで自信がない」といったように使います。「うろ」は木のうろとも、胡乱《うろん》（あやしいこと）のうろとも言われますが、いずれにせよ、中身がなくあいまいなさまです。

▼うろ覚えに記憶いたして居りますが、なんでもこんな工合いの御教書でございました。（太宰治「右大臣実朝」）

心も心ならず

そわそわしてしまい気が気でないさまの表現に「心も心ならず」があります。「父の病体が安定せず心も心ならず過ごした」といった使い方をします。取り乱してしまうような心配や不安、慌ただしさなどに使いたい言葉です。

▶「石滝から来たのじゃあなくって。滝さんとお雪はどうしたろうね、」とこれは心も心ならない。（泉鏡花「黒百合」）

▶彼の電報が猶《なお》秀子の手に渡らずに有って見れば、当人は今以《もっ》て心も心ならずに居るで有ろう（黒岩涙香「幽霊塔」）

忍びない

「忍びない」は我慢できない、耐えられないといった気持ちを表す語です。「捨てるには忍びない」「見るに忍びない」といったように主に動詞とともに用いられ、スパッと思い切れない気持ちを表します。そうすることが辛くて耐えられないという苦悩を表現したいときにおすすめの言葉です。

▶この上彼女を悲しませるのに忍びなくて、私はネクタイピンはポケットに入れたままで見せなかったが。（大倉燁子「恐怖の幻兵団員」）

はかばかしくない

「はかばかしい」は物事が順調に進むさまをいい、主にこれを打ち消し「はかばかしくない」という形で用います。「原稿のすすみ具合がはかばかしくない」「病気の回復がはかばかしくない」といった使い方をします。「不調である」とストレートに言うのではなく「順調」を意味する「はかばかしい」を否定することでやんわり伝える技法です。

▶上杉家とは、依然、交渉がはかばかしくない。（吉川英治「新書太閤記 第四分冊」）

名高い僧なども呼んでいろいろと加持を加えさせて見たけれど、一向はかばかしくはならずにいた。（堀辰雄「かげろうの日記」）

第7章

恥や嘘など隠したいことがらにまつわることば

恥ずかしい思い出、悔しい経験、後ろめたい嘘——人に言いたくない出来事や秘密は誰しも抱えていることでしょう。第7章は、忘れてしまいたい記憶や隠しておきたいことがらにまつわる言葉を集めました。悔しさなどの心残りを表す言葉、気弱さや恥ずかしさなどの尻ごみする気持ちの言葉、嘘をつく側と受け取る側の言葉などです。

❶ 悔しさなどの心残りを表現する

まずは心残りを表す言葉から見ていきましょう。悔しさや無念さは不愉快な感情ですが「怒り」とは感覚が違います。悔しさは、負けたくなかった、こんなはずではなかったという気持ちなので、他者に向かう怒りというよりは自分自身を責めたり反省したりといった傾向があります。ネガティブな感情ではあるものの、同じことは繰り返すまいという前向きな姿勢でもあります。

口《くち》惜《お》しい

悔しさや残念な気持ちを表す言葉に「口惜しい」があります。「悔しい」と「口惜しい」は現代ではほぼ同義で、「口惜しい」を「くやしい」と読むこともあります。とはいえ、悔しさレベルは「口惜しい」の方が高めの印象です。「じゃんけんに負けて悔しい」「じゃんけんに負けて口惜しい」、後者は大げさが過ぎるでしょう。「犯人が捕まらないまま時効となり口惜しい」といったように、怒りや悲嘆、やりきれなさや無念さなどを伴う心情に似合います。

▼ 刃《やいば》の串《くし》につんざかれ、矢玉の雨に砕かれて異域の鬼となッてしまッた口惜《くちお》しさはどれほどだろうか。（山田美妙「武蔵野」）

「エーくやしい」ト歯を喰切《くいしば》ッて口惜《くちお》しがる。（二葉亭四迷「浮雲」）

唇をかむ

悔しがること、または悔しさや悲しみをこらえる表現に「唇をかむ」があり、「第一志望校に落ちて唇をかんだ」といったように使われます。唇をかんでいるのですから、泣き声を上げたり声を荒らげたりはできません。悔しさをぐっとかみしめ、堪え忍んでいる様子を感じさせる比喩です。

殆どあらっぽい程ばたんばたんとはき掃除しているみよの姿を、そっと眺めては唇をかんだ。
（太宰治「思ひ出」）

私は列車のうしろ姿をふり返った。ジッと唇を噛んだ。眩しい白昼の光の中で受けた、強い大きな屈辱と、それに対する深い悔恨……。
（夢野久作「線路」）

歯噛み

「歯噛み」とは歯ぎしりのことです。「歯噛みをしてくやしがった」「歯噛みをするばかりだった」というように悔しさの表現に用いますが、実際に歯ぎしりをするわけではなく、悔しさのためにぐっと歯をくいしばるイメージです。同じ意味の語に「奥歯を噛む」があります。

また、少し意味は異なりますが「牙を噛む」という比喩もあります。牙というだけあって威嚇の意味も含み、悔しさで引き下がるだけではなく、復讐の念に駆られているようなときに似合う言葉です。

「しかしながら人間どもは不届《ふとどき》だ。近頃はわしの祭にも供物一つ持って来ん、おのれ、今度わしの領分に最初に足を入れたものはきっと泥の底に引き擦り込んでやろう。」土神はまたきりきり歯噛みしました。（宮沢賢治「土神ときつね」）

弟は、そのときの気持を想い出して、片奥歯をきつく噛み合せ、沈鬱な顔をした。（岡本かの子「生々流転」）

この恐しい倭将《わしょう》の首は口惜《くや》しそうに牙を噛み噛み、もとの体へ舞い戻ろうとした。（芥川龍之介「金将軍」）

ごまめの歯ぎしり

「ごまめ」とはカタクチイワシの稚魚を干物にしたもので、お節料理のたづくりに使われる魚です。「ごまめの歯ぎしり」は人間をごまめに見立てた言葉で、小さい魚が歯ぎしりをして悔しがったとて、誰にもなんの影響も及ぼさないという意味を持ちます。悔しがっている人をあざけるときに使うことわざです。

▶嫉妬といっても、立場は奴隷にすぎないのだから、ゴマメの歯ぎしりという奴だ。（坂口安吾「ジロリの女―ゴロー三船とマゴコロの手記―」）

「今ごろごまめの歯ぎしりやったっておそいや。ぶつぶついう暇があったら、戸でもあけろい」（佐々木味津三「右門捕物帖 首つり五人男」）

ほぞをかむ

悔しがってもどうにもならないことを表す慣用句に「ほぞをかむ」があります。「ほぞ」とはへそのこと。「へそを噛む」と表現されることもあります。いくら頑張っても自分のへそは噛めないように、なにをしたところで叶えられないことを表した言葉です。「ほぞ」は「ほぞを固める」「ほぞを決める」など、決心や覚悟を決めるときの言葉にもよく使われます。

▶ 小癪な真似をして、あとで臍《ほぞ》を噛むなよ。（久生十蘭「顎十郎捕物帳 稲荷の使」）

百点満点笑止の沙汰、まさしく佐藤家の宝物だ、と残念むねん、へそを噛むが如き思いであった。（太宰治「先生三人」）

詰め腹を切らされる

人の不始末の尻拭いをさせられたり、無理に責任をとらされたりすることを「詰め腹を切らされる」といいます。昔は強制的に切腹させられることを言いました。不本意な気持ちや無念さなどを表現できる言葉です。

こうなると、多勢の家来の方が強く、まごまごしたら伊予守忠弘、詰め腹を切らされるかもわからない情勢だったのです。（野村胡堂「奇談クラブ〔戦後版〕乞食志願」）

たたらを踏む

やる気満々でスタートしたけれど、当てが外れて空振りしたときの表現に「たたらを踏む」があります。「たたら」とは製鉄の際に用いられる大型のふいごのこと。足で強く踏んで空気を送り込み、火力を上げる仕組みです。物事は波に乗り始めたら力を抜いても進んでいきますが、スタートのときは何倍もの力が必要です。勢いよくたたらを踏むときの様子と、勢いよく物事を始めるときの姿を重ね合わせた喩えで、鼻息荒く始動したけれど空足を踏んだときに用います。

▶目一杯おしゃれして待ち合わせ場所に行ったのに、すっぽかされてたたらを踏んだ。（著者作）

地団駄を踏む

悔しさや怒りで、地面を何度も激しく踏みつけるさまを「地団駄を踏む」といい、「裏切られて地団駄をふむ」といったように用います。「たたらを踏む」から派生した語で、「地蹈鞴（じたたら・じだんだ）を踏む」ともいいます。地面にたたらでもあるかのように、力一杯踏みつけて悔しがっているさまが目に浮かびます。

▶私は踵《かかと》が痛くなるほど強く地団駄を踏んだ（夢野久作「ドグラ・マグラ」）

平次は天井裏で地蹈鞴《じだんだ》を踏むばかりです。（野村胡堂「銭形平次捕物控 金色の処女」）

ままならない

「ままならない」は思い通りにならないさまの表現で、「足が痛くて歩くこともままならない」といったように、こんなことすらできないという嘆きに対して用いられます。「月面旅行もままならない」など、もともと実行や実現が難しい事柄を嘆かれても1ミリの同情も湧きません。こんなこと簡単なはずなのに、以前はたやすくできたのに、みんなやっているのに……といった泣きたくなるような状況が、この語の使いどころでしょう。

▶もう春も終りだ、世の中はままならない、あたしあんたが好きよ、水の流れと人の身は、はかないもんね。（山本周五郎「青べか物語」）

▶世には観光地をうたいながらも、自家用車持ちでなければ移動さえもままならない土地が珍しくない。（円城塔「ぞなもし狩り」）

惜しむらくは

「惜しむらくは」は残念なことにはという意味の語で、「楽しい同窓会だったが、惜しむらくは写真を一枚も撮らなかったことだ」といったように使います。その他は完璧なのに、そこだけが抜けていて残念がるときに相応しい表現です。

▶だが、惜しむらくは、あんたが女だということ。男なら英雄になっとる。（久坂葉子「落ちてゆく世界」）

やむなく

仕方がないので、やむを得ず、という意味の語に「やむなく」があり、「品切れのためやむなく高額の代替え品を購入した」「雑巾がなかったのでやむなくハンカチで床を拭いた」といったように用います。他に選択肢がなかったり、手の打ちようがなかったりなど、しぶしぶそうせざるを得ないときに使います。

▶やむなく煙草を老人の指に触れるまで差し出すと、初めてそれをただ指先に挟んだだけだ。（横光利一「欧洲紀行」）

よんどころない

「よんどころない」はそうするほかないという意味を持ち、「よんどころない事情」「よんどころない用事」といったように使います。詳細はさておきそうする以外になかったのだ、と言いたいときに使うといいでしょう。

▶ある時おとうさんは、よんどころない用事が出来て、京都へ上ることになりました。（楠山正雄「松山鏡」）

豊吉はよんどころない事情を訴えて、かさねて金の無心をたのむと、甚右衛門はやはり承知しなかった。（岡本綺堂「半七捕物帳 雪達磨」）

せんすべない

「せんすべない」は、仕方がない、対応のしようがないといったときに使う言葉です。漢字では「為ん術ない」すなわち、為す術がないと書きます。「ここまで悪化してしまってはせんすべない」といったように用いられ、諦めや無念さを感じさせる言葉です。

一郎だけは、せんすべもありませんでしたから、破れたポケットに両手を突込んでポツネンと試験場へ入りました。（牧野信一「辞書と新聞紙」）

もはや詮術《せんすべ》なしと観念の眼を閉じた悪魔の奴は永遠の如き饒舌《じょうぜつ》の虜《とりこ》となり、厭世《えんせい》感を深めたという話があります。（坂口安吾「清太は百年語るべし」）

眼鏡違い

ものや人への判断を見誤ったときの表現に「眼鏡違い」があり、落胆の感情を込めて「彼への評価は眼鏡違いだったようだ」というように使います。喜びの意味を込めて「贋作だと思っていたのに眼鏡違いで本物だった」というようにも使われますが、どちらかといえば落胆の意味をこめることの方が多いでしょう。また、判断が正しかったことを表す語には「お眼鏡どおり」があり、「人事部のお眼鏡どおり、素晴らしい才能の持ち主だった」というように用いられます。

▼これは、わたしの眼鏡違いで、飛んだ奴に借りられて了ったのです（岸田國士「百三十二番地の貸家」）

それは全く貴女のおめがね違いと申すもの、私は決してそのような軽薄な心のものではございませぬ。（国枝史郎「レモンの花の咲く丘へ」）

「矢張りおめがね通りでございました」金右衛門は縁先に坐った。（山本周五郎「土佐の国柱」）

匙《さじ》を投げる

うまくいく見込みがないため途中であきらめることを「匙を投げる」といいます。「匙」とは調剤用のスプーンを指し、医者が治療を断念することを「匙を投げる」といったのが由来です。すぐあきらめたときではなく、あらゆる手を尽くしたけれども成功しそうにないため断念したときに使いたい表現です。

▶しかし彼等が見合いかたがた河内屋に滞在しているうちに彼等はことごとく匙を投げた。（岡本かの子「汗」）

❷尻込みする気持ちを表現する

恥ずかしくてその場から逃げ出してしまったり、まだなにも始まっていないのに気持ちが負けてしまったり、気力が衰えてやる気がなくなってしまったりなどの経験はありますか？自分の弱さが露呈する心の動きは、人に知られたくない感情のひとつではないでしょうか。恥ずかしさ、バツの悪さ、気弱さなどを表す言葉を見てみましょう。

座に堪えない 我慢できない、恥ずかしいなどの理由でその場にいられないことを「座に堪えない」といい、「錚《そう》々《そう》たる顔ぶれの部署に入ってしまい、座に堪えない」といったように用いられます。その場にいるのがつらい、申し訳ない、恥ずかしいといった気持ちが読みとれる言葉です。

▶その焦慮と恥ずかしさが込み上げて、座に居堪えないようで御座いました。（若杉鳥子「職業の苦痛」）

紅葉を散らす

恥ずかしさで顔を赤くするさまを「紅葉を散らす」といいます。紅葉の赤と赤面を重ね合わせた、なんとも日本的な美しい比喩です。辞書には「恥ずかしさや怒りで赤面すること」と書かれていることがあるのですが、仮に「怒り心頭で紅葉を散らした」と表現すると、怒りで暴れて紅葉を荒らしたようにも読みとれます。この美しい語には、恥ずかしさの方が似合いそうです。

▶照れくさそうにうつむいて紅葉を散らした。（著者作）

恥入る

「恥入る」は「恥ずかしい」＋「入る」での意味を強めた言葉です。自身の欠点や過ちなどを自覚し、認め、ひどく恥ずかしいと感じるさまで、「己の失言を思い出し、深く恥入った」というように使います。「入る」をつけて意味を強める言葉に「聞き入る」「見入る」「染み入る」「感じ入る」などがあります。

▼おれもその一言《いちごん》を聞けばただ恥じ入るよりほかに仕方がない。（夏目漱石「行人」）

赤恥をかく

「赤恥」は「恥」を強めた表現です。「あかはじ」の他に「あかっぱじ」と読むこともあります。恥の中でも特に人前でかく恥をいい、恥ずかしさレベルはかなり高めです。

▼三週間まえの水曜日みたいな赤恥をかくのは厭《いや》だから、知らん振りをしていた。（太宰治「正義と微笑」）

ばつが悪い

きまりが悪く、その場に身を置いていることがつらい状況を「ばつが悪い」といい、「自信があると言ったのに間違いを指摘されてばつが悪い」といったように使います。「ばつ」の由来は「場都合」とされます。その場に身の置き所がないような恥ずかしさ、きまりの悪さを表現したいときに使うといいでしょう。

▼こんな失敗をした時には内にいて御三なんぞに顔を見られるのも何となくばつが悪い。（夏

目漱石「吾輩は猫である」）

穴があったら入りたい

「穴があったら入りたい」は失敗や失言などにより、人目につかないところに隠れてしまいたいほどの恥ずかしさを覚えたときに用いる言葉です。「大失態をしでかして穴があったら入りたいほどだ」といったように使います。

▶私はまるで女中みたいに見えて、穴があったら入りたいほど恥しく、またみすぼらしく、哀れな気持になってしまったのでした。（三浦環 吉本明光編「お蝶夫人」）

尻こそばゆい

「尻こそばゆい」はきまりの悪さや照れくささを表した言葉です。恥ずかしさなどで落ち着かない様子を、尻のこそばゆさに喩えているのです。「絶賛されて尻こそばゆい」といったように使います。

▶吾輩は彼の名を聞いて少々尻こそばゆき感じを起すと同時に、一方では少々軽侮《けいぶ》の念も生じたのである。（夏目漱石「吾輩は猫である」）

面《おも》映《は》ゆい

きまりの悪さや気恥ずかしさを表した言葉に「面映ゆい」があります。「映ゆい」とは照り輝いてまばゆいさまです。顔を上げられないほどまばゆい状態と、顔を上げられないほどの恥ずかしさを重ね合わせた、情感豊かな言葉です。「面映ゆい気持ち」「大絶賛され面映ゆい」といったように用います。

文人だからといって、特に派手派手しく書かれたり思われたりすることは、むしろ僕には心苦しい、また面映ゆい。（吉川英治「折々の記」）

気合い負け

相手の勢いにおされて気持ちが負けてしまうことを「気合い負け」といい、「試合が始まる前から気合い負けしているのが見て取れた」といった使い方をします。相手の気合い、風格、実績などにのまれてしまい、実力が出せずに負けてしまうときに使うといいでしょう。

復一はもう伏《ふし》目《め》勝《がち》になって、気合い負けを感じ、寂しく孤独の殻《から》の中に引込まねばならなかった。（岡本かの子「金魚撩乱」）

気をのまれる

精神的に圧倒されて負けたり気弱になったりすることを「気をのまれる」といいます。前項の「気合い負け」と似た意味ですが、「気をのまれる」は勝負事に限らず本番前や試験前などにも使われる言葉です。「のまれる」とは文字通り、相手に取り込まれてしまうことで「酒にのまれる」「波にのまれる」などの表現があります。似た語に「気圧《けお》される」があり、こちらも同様に心理的に圧倒されるさまを表します。

子供は気を呑まれて一寸《ちょっと》静かになったが、直ぐ低い啜《すす》り泣きから出直して、前にも増した大袈裟《おおげさ》な泣き声になった。（有島武郎「An Incident」）

劇場の幕間の廊下の綺羅《きら》びやかな空気に気圧された気持で、自分自身が惨めに思われ、自分の日々の生活が惨めに思われて、而も頭が変にぼーっとしています。（豊島与志雄「香奠」）

腑抜け

「腑抜け」は、気弱さや気力のなさを表す言葉で、「受験が終わって腑抜けの状態だ」といった使い方をします。「腑」とは内臓のこと。「腑抜け」は内臓が抜かれて、身体の中が空っぽになったかのような状態を表します。緊張の糸がゆるんだり、大切なものを失ったりと腑抜けになるシチュエーションはいろいろありそうです。

▼有名になったとたんに、たいてい腑抜けになっていますからね。（太宰治「津軽」）

萎《な》える

気力が衰えたり、やる気がなくなったりすることを「萎える」といいます。「気分が萎える」はよく出会う言葉ではないでしょうか。「萎」は、しおれる・しなびる・しぼむなど植物が元気をなくす意味を持つ字ですが、復活できない「枯れる」の意味は見あたりません。これを踏まえると、「萎える」は復活できないほどの精神状態ではなく、一時的な元気のなさや気力の衰えを表現するときに相応しい言葉だといえるでしょう。

▼眠った心を覚まして呉れるな、萎えた心を起して呉れるな……。（田山録弥「石窟」）

打ちひしがれる

精神的に大きな打撃があり、完全に気力を奪われた状態を表す言葉に「打ちひしがれる」があります。「家族を次々と失い、すっかり打ちひしがれている」など、深く傷つき悲嘆に暮れている様子を表します。

▼打ちひしがれた人々、悩み苦しむ人々への哀れみとして、その苦しみにある人々を癒した

り助けたりしたいと思う。（ジェイムズ・アレン 大久保ゆう訳「朝に想い、夜に省みる」）

不甲斐ない

嘆かわしいほど役に立たない、情けないほど意気地がない――こんなさまを表した語に「不甲斐ない」があります。「己の不甲斐なさが情けなくなる」「全てにおいて不甲斐ない父」といったように使います。

▶生き延びるために、最愛の妻を犠牲にした不甲斐ない男として、俺にいつまでも生き延びよと云うのか。（菊池寛「袈裟の良人」）

❸嘘や秘密にまつわる気持ちを表現する

人が隠したい事柄のひとつに、自身がついた嘘もあるのではないでしょうか。嘘はつくばかりのものではありません。秘密にしたり、しらばっくれたり、自分を大きく見せたり、善人ぶったりなど、まるで真実のように見せるわけですからこれらも全部嘘の一種です。人に知られたくない嘘。嘘をつく側、嘘を受け取る側にまつわる感情の言葉をご覧ください。

しらを切る

知っているくせに知らないふりをすることを「しらを切る」といい、「しらを切ってもばれている」といったように使います。「しら」は「知らぬ」の略で、漢字で「白を切る」と書くのは当て字だとされます。

▼「おい。亀。目の下の黒痣《ほくろ》まで知っている己がいる。そんなしらを切るな」（森鷗外「護持院原の敵討」）

知らぬ存ぜぬ

知っていても知らない振りをして、追及されてもしらを切り続けることを「知らぬ存ぜぬ」といいます。知りません存じませんと重ねることで、徹底的にしらばっくれている様子を表します。

▼存ぜぬ知らぬとシラを切るに相違ないから、なんとか手だてをめぐらして、無事に幸之助を受け取る工夫《くふう》をしなければなるまい。（岡本綺堂「半七捕物帳 白蝶怪」）

空とぼける

知っていても知らない振りをするさまの表現に「空とぼける」があります。使い方は「とぼける」と同じで「疑われたけれどひたすら空とぼけた」といったように使います。「空」には「嘘」という意味もあり、嘘をつく表現に「空を使う」「空を言う」、作り笑いに「空笑い」などがあります。

▶「行きたい時には、わざとあんなに空とぼけるのが岡村の癖だよ。」（牧野信一「明るく・暗く」）

▶そうして私を憫《あわ》れむように……又は云い訳をするように、見え透いた空笑いをした。（夢野久作「冗談に殺す」）

頬被《ほお》り

頬が隠れるように手ぬぐいなどをかぶることを「頬被り」といいます。童話などに出てくる古典的な泥棒がかぶっているアレです。頬被りをすると顔が見えないので、罪を犯しやすいのです。転じて、「頬被り」は事実を隠してしらばっくれるさまの表現にも用いられるようになりました。

▶いくら問いただしても、素知らぬ顔で頬被りを貫いている。（著者作）

知らん顔の半兵衛

「知らん顔の半兵衛」は、知っているくせに知らない振りを貫く人をユーモラスに表現した言葉で、「一同は知らん顔の半兵衛を決め込んでいる」といったように使います。言葉の由来は、とぼけるのがうまかった戦国武将の竹中半兵衛とする説が有力です。

▶しかし我々に防ぎようもない暴力的な侵略がはじまったら、これはもう無抵抗、無関心、お気に召すまま、知らぬ顔の半兵衛にかぎる。（坂口安吾「安吾巷談 03 野坂中尉と中西伍長」）

うそぶく

知らない振りをしてすっととぼけたり、適当なことを言ったりするさまを「うそぶく」といい、「5年も前のことは忘れたわ、とうそぶいた」というように使います。また、「そんなことは朝飯前だとうそぶいた」というように、実力もわきまえず適当に大きなことを言うさまにも用いられます。根拠がなかったり、嘘が含まれていたりするときに使うといいでしょう。

▶「おらあ、知らねえよ。そんな人間はいやしねえよ。」男は、うそぶいて答えました。（江戸川乱歩「鉄人Q」）

腹芸

策略や陰謀を表面に出さず、誰にも知られないように企むことを「腹芸」といいます。「あの涙も腹芸の一つだ」といったように、腹の中の悪巧みについて述べるときに使います。

▶しかし、これでもう、滑稽な腹芸はやめて頂きましょう。（小栗虫太郎「黒死館殺人事件」）

おためごかし

他人のためを装っているものの、実は自分の利益を重視した行為であることを「おためごかし」といい、「彼のボランティアはおためごかしだ」といったように使います。「ごかし」はそれらしく見せかけて、実は自分の利益を目的としている行為に使う接尾語です。例えば「親切ごかし」などの言葉があります。

▶「女は女のために」というような一段高いところからおためごかしのことをいうほど、わたしたち日本の婦人の生活は安易なものではありません。（宮本百合子「自覚について」）

玄吉にかまった方が多少でも見物の注意を引くので親切ごかしに彼をなだめた。（牧野信一「蔭ひなた」）

けれん

ごまかしたり嘘がはいったりすることがらを「けれん」といい、「けれんのない生き方」といったように用いられます。漢字では「外連」と書き、もともとは歌舞伎の派手な演出をいいましたが、のちに広く「演出（嘘）を含む行動」にも使われるようになりました。

▶そんなけれんは外の病人に遣《や》って見せ給《たま》え。そんなあさはかな手には、僕は乗らないからね。
（シュニッツレル　森鷗外訳「みれん」）

いくら江戸屋の江戸五郎が水芸達者のけれん師であったにしても、舞台と地とでは場所が違うんだからね。（佐々木味津三「右門捕物帖　幽霊水」）

大風呂敷

大げさに言ったり、見栄を張ったり、実現できないような計画を立てたりすることを「大風呂敷」「大風呂敷を広げる」といい、「あの話は彼らしい大風呂敷だ」といったように使います。大風呂敷はたくさんのものを包めます。大きな風呂敷を広げていれば、それが必要なほど多くの荷物を持っているように思わせることができます。ブランドの財布を持っているけれど実は中身は空っぽ、のようなイメージです。見栄を張って大きなことをいうさまの表現に使ってみましょう。同じ意味の熟語に「大《たい》言《げん》壮《そう》語《ご》」「豪語」「広言」などがあります。

▶大風呂敷ばッかし広げていて、まさかの時になると、いつでも逃げ出して二月ぐらい寄りつきもしないよ。（広津柳浪「今戸心中」）

「そうだね。そんなら無遠慮に大風呂敷を広げるよ」大村は白い歯を露《あら》わして、ちょっと笑った。（森鷗外「青年」）

色に出る

感情が表情に表れることを「色に出る」といい、「隠しても正直だから色に出る」といったように用います。隠し切れない感情が表情や行動に出たときに使うといいでしょう。

▶感情的な兄がそれを物足らず思うのも無理はなかった。食卓の上などでそれが色に出る時さえ兄の性質としてはたまにはあった。（夏目漱石「行人」）

もだす

言うべきことを言わず、黙って見過ごすことを「もだす」といいます。漢字では「黙す」と書き「黙《もく》す」と同義ですが、「黙《もだ》す」は「日本書紀」にも見られる古い読み方です。古めかしい印象やかしこまった雰囲気を出したいときに使ってみてはいかがでしょうか。

▶当時の情勢を背景としてついにもだすにたえなかった非力な私自身の姿（宮本百合子「近頃の感想」）

君は何《いず》れを択《えら》ぶらん、／かく問うことも我はせず、／うち黙《もだ》すこそ苦しけれ。／君は何《いず》れを択《えら》ぶらん。（与謝野晶子「或る若き女性に」「昌子詩篇全集」より）

心にたたむ

口には出さず、胸の中にしまっておくことを「心にたたむ」「胸にたたむ」といいます。ことを大きくせず自分の采配で場をおさめたり、大切な思い出や出来事を心にしまっておいたりするときに使います。「心に納める」「心にしまう」なども同義ですが、「たたむ」という表現は美しく奥ゆかしい比喩だと思いませんか。

▶「吾輩は、司令部の穴倉《あなぐら》へ、こいつを隠して置こうと思う。司令官に報告しないつもりじゃから、監禁《かんきん》の点は、君だけの胸に畳んで置いてくれ給え」（海野十三「空襲葬送曲」）

ぜひともご他言くださりませず、誓って心に納めておいてはくださいませぬか。（藤野古白 藤井英男訳「戦争」）

どんな感情も心にしまってはおけないゆき子の野性的な性格が、愛らしかった。（林芙美子「浮雲」）

訝《いぶか》しい

「訝しい」は、疑わしさや怪しさを形容する言葉です。納得できない点があったり、不審に思われる部分があったりするときに「その話には訝しい点が多い」といったように使います。

▶伯母から手紙が来るのは訝しい、用があるなら呼んで呉《く》れれば好いのにと思って、明けて見ると驚きました。（小山内薫「反古」）

腑に落ちない

「腑に落ちない」は、物事に納得できなかったり、矛盾を感じたりするときに用いる表現です。「腑に落ちない話」「どれだけ調べても腑に落ちない」といったように使います。「腑」とは内臓、はらわたのことです。口に入れて飲み込んだとしても、内臓（胃）まで落ちていかないのですからあとで吐き戻すか消化不良を起こすことになるでしょう。この語は慣用句ではないため、「落ちない」を「落ちる」に変えても構いません。「辞書を引いてようやく腑に落ちた」といったように、納得できたときや合点がいったときに使うといいでしょう。

▶私の腑に落ちない点は、日本の「どん底」は、なぜこんなにじめじめしていて暗く、やりきれないほど「長い」か、ということであった。（岸田國士「『どん底』の演出」）

そして彼は如何にも腑に落ちたという顔付をした。（豊島与志雄「神棚」）

鼻毛を抜く

相手をだますことの慣用句に「鼻毛を抜く」があります。信頼させておいて近づき、目をつむらせて、鼻毛を抜くのです。もちろん本当に抜くのではなく、比喩表現です。そこまで油断してしまうのも、相手を信頼しているからこそです。「うっかり鼻毛を抜かれてしまった」というように、心から信じていた相手にだまされたときに使いたい言葉です。

▶とにかく右門のすばらしい功名に、同僚たちはすっかり鼻毛を抜かれた形でした。（佐々木味津三「右門捕物帖 南蛮幽霊」）

「変ですとも……。打っちゃって置くと、よその仲間に飛んだ鼻毛を抜かれますぜ」（岡本綺堂「半七捕物帳 三河万歳」）

第8章 勤勉さや怠慢さを表したいときのことば

ひとつのことに熱中する姿や勤勉な姿勢は、そばで見ていても美しく気持ちが良いものです。夢の実現や収入源の確保など、勤勉であることの目的はさまざまだと思いますが、根底にポジティブな感情が流れていることに間違いはないでしょう。第8章は仕事・学業・その他の事柄に対する真面目さや勤勉さを表す言葉と、それとは正反対の位置にある不真面目さややる気のなさを表す言葉を集めました。

❶ 真剣に取り組むさまを伝える

まずは真面目さや勤勉さを表す言葉を見ていきましょう。物事を始める前の決意、開始してからの努力や真摯な態度、途中で現れる困難などにまつわる言葉です。また、人に迷惑がかかるほど度が過ぎた熱中についてもピックアップしました。

ほぞを固める

強く決意することを「ほぞを固める」「ほぞを決める」といい、同義語に「腹を固める」「腹をくくる」などがあります。「ほぞ」はへそのこと。腹の真ん中にあるのがへそですので、腹とへそが同じ意味をもつことは納得できるのではないでしょうか。また、心や魂が宿るとされた肝の位置もやはり腹部です。「ほぞを固める」「腹を固める」といった表現は、決して揺るがない魂からの決断をしたとき相応しい言葉といえそうです。

▼名古屋の対局では、升田が相手をなめてかかってハッタリ的にでたのに対して、木村はホゾをかため、必死の闘魂をもってかかってきた面影があった。（坂口安吾「将棋の鬼」）

彼は、死んだ佐々木小次郎になり切ってやろうと臍を決めた。（吉川英治「宮本武蔵 火の巻」）

ウイルスに取り付かれた者としての人生を一から歩み始める腹を固めてしまえば、それはそれなりに心の平安が帰ってくる。（富田倫生「青空のリスタート」）

まなじりを決する

「まなじり」とは目の尻のこと。「まなじりを決する」とは、目を見開いて決意や怒りの表情を作ることです。「彼女は顔を上げ、プロジェクトは必ず成功させます、とまなじりを決した」といったように使います。この語は強い決意の他、怒りの表現にも使われますので、読み違いが起きないように文脈や構成に気をつける必要があるでしょう。

▼眥《まなじり》を決し双肌《もろはだ》ぬいで詰め寄る形相《ぎょうそう》物凄い。（坂口安吾「イノチガケ―ヨワン・シローテの殉教―」）

背を決した子路の形相が余りにすさまじかったのであろう。（中島敦「弟子」）

倦《う》まず弛《たゆ》まず

「倦む」とは飽きたり嫌になったりすること、「弛む」とは油断したり怠けたりすることです。打ち消しの語を伴った「倦まず弛まず」は飽きたり怠けたりせず努力を続けることの表現で、「倦まず弛まず精進する」というように使います。こつこつと地道に続ける勤勉さが伝わる表現です。

▼僕はほんとうに勤勉です。骨身を惜しみません。倦まずたゆまず、ほねをおって働く労働者です。（マリー・ウォルストンクラフト・シェリー 宍戸儀一訳「フランケンシュタイン」）

ゆるがせにしない

「ゆるがせ」はおろそかだったり、いい加減なまま放っておいたりするさまをいいます。打ち消しを伴う「ゆるがせにしない」は、「祖先から受け継いだ利他の精神をゆるがせにしてはならない」といった使い方をし、決して妥協や手抜きなどをしない真剣な態度の表現に用いられます。

▼小型の原稿用紙に、ペンでもって、一字一画ゆるがせにしない正しい楷書で最後まで乱れを見せず清書してある。（坂口安吾「盗まれた手紙の話」）

私にはどうしても、ゆるがせに出来ぬ重大事のような気がしてならぬのである。（太宰治「親友交歓」）

徒疎《あだやおろそ》かにしない

「徒疎か」は軽々しく扱うことをいい、通常は「しない」「できない」といった打ち消しの語を伴って「徒疎かにしない」という形で用いられます。粗末に扱わないことや無駄にしないことの表現で「先輩の作った功績を徒疎かにはできない」といったように使います。生真面目な姿勢を感じさせる古風な表現です。

▼「御主人のお慈悲を仇《あだ》やおろそかに思ってはならないぞ。この上の御恩返しにはせいぜい気をつけて御奉公をしろよ」（岡本綺堂「籠釣瓶」）

このことも仇やおろそかに見すごしてしまうことは出来がたい大問題なのである。（風巻景次郎「中世の文学伝統」）

骨身を惜しまない

労苦をいとわないことの表現に「骨身を惜しまない」があります。「骨身」とは骨と肉のこと、すなわち全身を指します。苦労があっても全身全霊で取り組む真面目な姿勢を表現できる言葉です。

▼もしこの忠義な犬が、骨身惜しまず働いてくれなかったとしたら、雪道や、ぬかるみの深い轍の跡を、重い牛乳缶をつけてひっぱって行くのが、どんなに辛いことだったでしょう。（マリー・ルイーズ・ド・ラ・ラメー 菊池寛訳「フランダースの犬」）

理解力があるし、熱心だし、骨身を惜しまない。（小津安二郎「映画界・小言幸兵衛――泥棒しても儲ければよいは困る!!」）

押っ取り刀

「押っ取り刀」はなにもかも放っておいて緊急に駆けつける様子を表した言葉です。元は、武士が手に持った刀を腰に差すひまもないほど慌てて駆けつけるさまをいいました。今どきで言うなら押っ取りスマホといったところでしょうか、手に持ったものをポケットやカバンに入れる余裕もない慌てぶりです。緊急事態であり、それに対する真剣な様子がうかがえる表現です。

▼巡査と事務員が、おっとり刀で闇の中へ消えてしまうと、係長は閉された発火坑の鉄扉の前まで行って、寄添うようにして立止った。（大阪圭吉「坑鬼」）

▼玄心斎、谷大八の二人は、今にも、スワ！と言えば膝をたてそうに、おっとり刀の顔。（林不忘「丹下左膳　こけ猿の巻」）

足繁く

頻繁に通うことの表現に「足繁く」があり、「足繁く通い詰める」といったように用います。そこに何度も通うのは、趣味、勉強、恋愛など、いろいろな理由が考えられますが、いずれにしても真面目に取り組んでいることを感じさせます。使いどころは、本当なら行く必要もない場所にさかんに行く場合です。頻繁に行くとはいえ「足繁く登校する」とは言いません。職場や学校や自宅など、行くことが当たり前の場所に対しては使わないように注意しましょう。

▼お勢が帰宅してからは、一段足繁くなって、三日にあげず遊びに来る。（二葉亭四迷「浮雲」）

▼いわばそれが病みつきというやつで、われながら足繁く通った。（高村光太郎「ヒウザン会とパンの会」）

がむしゃら

ひたすら熱中することの表現に「がむしゃら」があります。やる気と行動に振り切った表現なので、使い方により印象が異なります。「志望校目指してがむしゃらに勉強する」とすると、目的を持って必死に努力するポジティブさを感じますが、「苦情に耳も貸さずがむしゃらに歌の練習をする」とすると、自己中心さを感じます。ひたむきに取り組む姿勢は同じですが、良い意味にも悪い意味にも使える言葉です。

▼しかし頭の悪い学者はそんな見込みが立たないために、人からはきわめてつまらないと思われる事でもなんでもがむしゃらに仕事に取りついてわき目もふらずに進行して行く。（寺田寅彦「科学者とあたま」）

おおわらわ

我が身を顧みず熱中しているさまを「おおわらわ」といい、「帰宅後、子どもの世話と家事に追われておおわらわ」といったように使います。原義は「大童《おおわらわ》」で、髷《まげ》がほどけて髪が乱れている状態をいい、戦場の武士の様子に使われていました。転じて、身なりが乱れることもいとわないほど物事に熱中するさまを表す言葉となったのです。

▼子供たちは鬼ごっこで無中になったが、なかで一番大童《おおわらわ》なのが校長秋山先生だった。（長谷

川時雨「旧聞日本橋 源泉小学校」）

訳者、鷗外も、ここでは大童《おおわらわ》で、その訳文、弓のつるのように、ピンと張って見事であります。（太宰治「女の決闘」）

孜々《しし》

「孜々」は一つのことに熱中するさまをいい「孜々として学問に励む」といった使い方をします。「孜」の訓義は「つとめる」です。道楽や色恋などではなく、仕事や学業など感心できることがらに打ち込むさまに似合う言葉です。

▶司馬遷《しばせん》はその後も孜々として書き続けた。（中島敦「李陵」）

研究者の孜々たる努力と、赫々たる成果とから眼を転じて文学理論の混沌たる現状を見ると、そこには、得体の知れない神秘主義が大手をふって歩いている。（平林初之輔「文学の本質について（一）」）

目もくれない

無関心、無視、見向きもしないことを「目もくれない」といいます。「私の意見には目もくれない」「気に入った作品があるので新作には目もくれない」といったように使います。単に興味がなく無関心なさまを表す語でもありますが、文脈により勤勉さや一本気な性質を表現することもできます。例えば「札束をちらつかせても目もくれず、社への忠誠を貫いた」とすれば、魅力的な条件があったにもかかわらず見向きもしない一途なさまを表すことができるでしょう。

ひとり煙草を吸いながら、わざと富士には目もくれず、それこそ血の滴《したた》るような真赤な山の紅葉を、凝視していた。（太宰治「富嶽百景」）…一本気な様子

時々、少女はすこしあるきだします。がまた、うなだれてじっとたちどまります。おおぜいの人々が、目もくれないで通りすぎていきました。（豊島与志雄「街の少年」）…無関心な様子

一筋縄ではいかない

普通の方法では解決できない困難なことがらを「一筋縄ではいかない」と表現します。一本の縄では太刀打ちできず、解決には二本も三本も縄が必要であることの喩えです。「一筋縄ではいかない人物」「一筋縄ではいかない事件」など扱いが難しい人物やことがらに対して使います。ただし、「一筋縄ではいかないので中止した」といったように、難しいために諦めた場合にはあまり使われません。簡単にはいかないけれど諦めない。そんな姿勢や情熱を表したいときに使ってみてはいかがでしょうか。

▶恋愛感情という奴はケツ曲りで、ワガママが秀でて見えたり、頭が悪いので可愛く見えたり、一筋縄ではいかない。（坂口安吾「我が人生観（七）芥川賞殺人犯人」）

▶猫という奴は芸者と同様ナカナカ一筋縄では行かない。ニャアニャアいって御機嫌を取るようだが、元来は猛獣なんだからそのつもりでいないと非道《ひど》い目に会う。（夢野久作「超人鬚野博士」）

牛馬のように働かされる

牛や馬のように何の楽しみもなくただ働き続けることを「牛馬のように働かされる」といいます。その昔、牛や馬は人間にとって大きな労働力でした。食事だけが与えられ、道具として消費される一生を送っていたのです。その姿と、ただひたすらに働く（働かされる）人間の姿を重ね合わせて生まれた言葉です。

明治に入ってから、牛馬のような待遇をやめさせる「牛馬《ぎゅうば》切解《きりほどき》令（芸娼妓解放令）」が布告され、人身売買や強制的な年季奉公はなくなりました。現代では「家族のために牛馬のように働く」「ブラック企業で牛馬のように扱われた」といった使い方が考えられます。

▶ほかのでっち小僧たちは屈辱を屈辱とも思わず、牛馬のようにこき使われながら、笑ったりふざけたり平気だった。（山本周五郎「追いついた夢」）

「あの御母さんに、商売のことなんか解るものですか。人間は牛馬のように駆使《こきつか》いさえすれあ可《い》いものだと思っている人間だもの」（徳田秋声「あらくれ」）

独楽鼠《こまねずみ》のように働く

「独楽鼠のように働く」は、休みなく働き続けるさまを表した言葉です。独楽鼠は三半規管の異常により、くるくる回り続ける習性があります。人が忙しく動く姿を独楽鼠の習性になぞらえた比喩で「狭い厨房を独楽鼠のように動き回った」といったように使います。

▶お掃除、皿洗、水汲――シンデレラは、独楽鼠のように、くるくる身体を動かして、立ち働かなくてはなりませんでした。（水谷まさる「シンデレラ」）

やっと事態の重大性を呑み込めたと見え、それからは室内をこま鼠のようにくるくる走りまわって登山の支度に取り懸った。（海野十三「地球発狂事件」）

身も細る思い

「身も細る思い」は、やせてしまうほど一つのことに集中しているさまを表し、「恋に身も細る思い」「身も細る努力」といったように用いられます。注目したいのは「細る」です。「細る」は、「財源が細る」「石鹸が細る」など次第にやせていくさまを表した言葉です。もともとやせている人に対して「やせ細ったね」とは言いません。元は細くなかったのです。次第にやせていくのは、長く心労を重ねている証拠です。「身も細る思い」は実際にやせたわけではなくとも、やせ細りそうなほど注力しているさまです。長期にわたり、力を傾けているときに使いたい表現です。

▼ゆくりなく、かりそめの契りをしてから、どのような思いで、そのひとの姿を追い求めていたことであったろう。巴里での、あの、身も細るような奔走と感傷。（久生十蘭「墓地展望亭」）

手足をすりこぎにする

すり減りそうなほど肉体を酷使して働くことを「手足をすりこぎにする」といいます。使っているうちに次第に減っていくすりこぎのように、使いすぎて手足が減っていくという喩えです。真面目に肉体労働しているさまに似合う言葉です。似た語に「靴の底をすり減らす」といった表現もあり、足を使った仕事に邁進する様子を表します。

▼この間卒業して以来足を擂木《すりこぎ》のようにして世の中への出口を探して歩いている敬太郎に会

うたびに、彼らはどうだね蛸狩《たこがり》は成功したかいと聞くのが常になっていたくらいである。（夏目漱石「彼岸過迄」）

限りに

精一杯、限界まで、という意味を表す語に「限りに」があります。色々な用法がある言葉ですが、余力のないぎりぎりのところまで注力、努力するさまを表すのであれば「声を限りに頼み込む」「足を限りに営業する」「力の限り戦う」といったように用いるといいでしょう。勤勉なさまだけではなく「犯罪の限りを尽くす」「暴力の限りを働く」など、悪事に対しても使われます。

▶舌を焼き、胸を焦がし、生命の限り、こんのかぎりの絶叫も、馬耳東風の有様なれば、私に於いて、いまさらなんの感想ぞや。（太宰治『地球図』序」）

そこで私はこの際奮発して出来得る限り弟子の養成に取り掛かろうと思いました。（高村光雲「幕末維新懐古談 谷中時代の弟子のこと」）

お天道様に顔向けできない

「お天道様」とは太陽を敬い、かつ、親しみをこめて表現した呼称です。「お天道様に顔向けできない」は、誰が見ていなくとも、法に触れなくとも、やましいことはしたくないという気持ちを表した言葉で、「悪事に関わったらお天道様に顔向けできない」といったように用いられます。その他にも「お天道様に申し訳ない」「お天道様の下を歩けない」「お天道様から罰をくらう」などいろいろなバリエーションがあります。清く正しく生きる、行動の美学を感じさせる表現です。

▼「腹を立てるなよ、吉五郎も言ったじゃないか、天道様は見通しさ」（野村胡堂「銭形平次捕物控 縁結び」）

▼「十幾人の無辜《むこ》を殺した悪逆無道《あくぎゃくむどう》、天道様も許してはおかぬぞ」（野村胡堂「銭形平次捕物控 辻斬」）

血道を上げる

他のことを忘れるほど熱中するさまを「血道を上げる」といいます。「ギャンブルに血道を上げる」など、没頭することが望ましくないとされるものに対して用いられます。「血道」は字の通り血の道、つまり血管のこと。血の道の循環をよくしていくことで「のぼせてしまう」という意味があるのです。

▼その口で甘《うま》く花魁を撫でこみ、血道をあげさせたんですね（三遊亭圓朝 鈴木行三校訂・編纂「根岸

お行の松 因果塚の由来」)

バクチに血道をあげちまって、色気の方はフタをしちまった。フタをしたって、無くなったんじゃない。内にゃ、あんた、クックッ煮えて溜ってまさあ。(三好十郎「冒した者―Sの霊に捧げる―」)

汲々《きゅうきゅう》

ひとつのことに一心不乱になるさまを「汲々」といいます。熱中するのは良いことですが、熱中するあまり周りが見えなくなるのは感心しません。「売名行為に汲々とする」といったように、ひたすら自分の利益を追い求めている姿にこの語を用います。

▼いつかコクトオが、日本へ来たとき、日本人がどうして和服を着ないのだろうと言って、日本が母国の伝統を忘れ、欧米化に汲々たる有様を嘆いたのであった。(坂口安吾「日本文化私観」)

❷不真面目さや興味のないさまを伝える

2節は、勤勉とは対極にある不真面目や怠慢に関する言葉です。もともと持ち合わせている怠慢な性格による不真面目さもありますが、勤勉な人だったとしても飽きや惰性でやる気をなくすこともあるはずです。無関心、無気力、いい加減、傍観といったしらけた感情を表す言葉の他、怠慢な人に対するユーモラスな呼び名も取り上げました。

しらける

「しらける」は面白味がなかったり幻滅したりして、興味が薄れるさまを表した言葉です。最初から無関心なら「しらける」という感情もわきません。「前置きが長すぎて席が一気にしらけてしまった」というように、一度は前向きな気持ちで関わったものの興ざめし、心が離れてしまったときに使う言葉です。

われわれは張合いのない受け答えをしながら、座が白けると黙ってムシャムシャ御馳走を摘まみ、手持ち無沙汰に酒ばかり飲んでいた。（谷崎潤一郎「青春物語」）

弛《たゆ》む

怠けたりさぼったりするさまを表す言葉に「弛む」があり、「決意はたちまち弛んだ」といったように使います。最初はあったはずの情熱や緊張感がなくなり、勢いが弱くなった状態を指します。逆に勤勉さが続いているときには否定を伴い「弛みなく励む」といったように表現します。

▼おのれいま西國の旅／旬日のあまりののちに／四肢つかれこころたゆみて／かえりこし汽車の窓べゆ（三好達治「桃花李花」「朝菜集」より）

▼いささか心も倦《う》みて脚歩《あし》もたゆみ勝ちに辿り行くに、路の右手に大なる鳥居立ちて一条《ひとすじ》の路ほがらかに開けたるあり。（幸田露伴「知々夫《ちちぶ》紀行」）

手をこまねく

「手をこまねく」は手出しをせずに見ていることをいいます。「こまねく」は腕組みのこと。腕組みをしてただ傍観しているさま、なにも行動せず関係のない立場でいるさまを表した語です。似た語に「手を束《つか》ねる」があります。「束ねる」はひとつにくくること。つまりこれも腕組みを表し、傍観に徹する姿に用いられます。

▼俺はもう手を拱《こまね》いて、山野や桑田の華々しい出世を、見るよりほかにしようがないかも知れない。（菊池寛「無名作家の日記」）

▼それに、僕が犯人を知りながら、手を束ねて見ているもう一つの理由は、この犯罪には少しも悪意がなかったという点です。（江戸川乱歩「D坂の殺人事件」）

おざなり

その場しのぎのいい加減な対応を「おざなり」といいます。語の由来は「お座敷の形《なり》」、つまりお座敷の形に合わせたやり方です。転じてその場を乗り切るためだけのやり方、その場限りの対応を表す語となりました。音も意味も似た語に「なおざり」があります。こちらは漢字で「等閑《なおざり》」と書き、なにもせずに去ったり放置したりする意味を持ちます。「おざなり」はその場しのぎの対応、「なおざり」は対応せずに放置と考えれば良いでしょう。どちらか分からなくなったときには、漢字を思い浮かべるとピンときそうです。

お酒をやめて、ご病気をなおして、永生きをなさって立派なお仕事を、などそんな白々しいおざなりみたいなことは、もう私は言いたくないのでございます。（太宰治「斜陽」）

こんな事件が突発するにつけても、日ごろのなおざりが思い出されて、地方《じかた》の世話も届きかねるのは面目ないとは家の人たちのかき口説《くど》く言葉だ。（島崎藤村「夜明け前」第二部上）

いけぞんざい

「ぞんざい」は乱暴さや無礼な態度を表す言葉です。これに、好ましくないことがらを指す接頭語「いけ」をつけて「いけぞんざい」という形で用いると、批判や不満を強めた文となります。例えば「いけぞんざいに投げて渡した」とすれば、その行為を非難する意味合いとなるわけです。「いけぞんざいな仕事ぶり」など仕事や学業などの姿勢に使用すれば、やる気のなさを表現することもできるでしょう。

▼「三田さん、面会です。」と給仕の子供が、室の入口に顔を出して、いけぞんざいに叫んだ。（水上滝太郎「大阪の宿」）

あてどもない

目標や目当てのことを「あてど」といい、目標がないさまを「あてどもない」と表現します。「あてどもない旅」「あてどもない買い物」などは楽しそうですが、「あてどもない毎日」だったり「あてどもない人生」を送ってきたとなると、怠惰な人物や虚しい日々を感じさせます。

▼そのうちにこっちが疲れて、だんだん興ざめな、ばかばかしい気がしてくる。果てはすっかり白けた気持で、螺鈿《らでん》の卓にもたれかかって、あてどもない物思いがはじまる。（神西清「春泥『白鳳』第一部」）

心ここにあらず

気持ちが入らず、よそ事に心が奪われている状態を「心ここにあらず」と表現します。身体はここにあるけれど心はどこかに行ってしまっている状態で、「上の空」

と同義語です。目の前にある課題に集中できないときに使いたい言葉です。

▶フラッシュが焚かれる間、マーサは心ここにあらずの態《てい》で睨みつけていた。（R.マッケナ The Creative CAT 訳「愛と月の犬」）

骨惜しみ

「骨を折る」「骨折り」などの語に使われるように「骨」は労力を表す言葉です。「骨惜しみ」は労力を惜しむさまや横着な姿勢を表現する言葉で、「骨惜しみするとあとでしわ寄せが来る」といったように用います。

▶「作者は骨惜しみをしすぎた」と評せざるを得ないのである。（岸田國士「福田恆存君の『キティ台風』」）

ぐうたら

なにかにつけてやる気がなく、だらだらと過ごす人のことを「ぐうたら」といい、これを人名のようにした言葉に「ぐうたら兵衛」があります。「ぐうたら」と同義ですが、「兵衛」をつけて人名のようにするだけで印象深い一語となります。佐々木邦は「愚迂多羅《ぐうたら》兵衛《べえ》」と漢字を使い、人名のようにもお経のようにも見えるユーモラスな表現をしています。

▼お父さんは少しもお察しなく、私の顔を見ると何時も、『愚迂多羅兵衛は相変らずのらくらしているかい？』とお訊きになるじゃありませんか？（佐々木邦「ぐうたら道中記」）

▼年は二十八になるが、酒のみのぐうたらべえで、娘を嫁に遣ろうという者がなく、いまだに独身のまま呑んだくれていた。（山本周五郎「女は同じ物語」）

ものぐさ

面倒くさがる様子、またはその人を「ものぐさ」といいます。また、ものぐさな人物を揶揄した表現に「ものぐさ太郎」があります。人名に見立てるこういった表現は、遊び心に加え、そういう人でもつきあっていこうという優しさの表れなのかもしれませんね。

▼このように、作者は、ものぐさである。ずるい。煮ても焼いても食えない境地にまで達しているようである。（太宰治「創作余談」）

一般に日本人は尊敬すべき物臭さ太郎である。そして愛すべき生来のニヒリストである。（坂口安吾「吹雪物語―夢と知性―」）

折《おり》助《すけ》根《こん》性《じょう》

苦労を避ける性格や行動の表現に「折助根性」があります。「折助」は江戸時代武家に使われた奉公人で、見られているところでは真面目に働くけれど、人目がないとさぼりがちだと言われました。「折助根性」はこのことから生まれた言葉です。表では働き者の振りをし、目を盗んではさぼる気質をいいます。「ぐうたら」や「ものぐさ」とはまたひと味違う、時代の趣を感じる言葉です。

▶ 折助には渡り者が多い。もとは相当の素性《すじょう》であっても、渡って歩くうちに、すっかり折助根性というものになってしまいます。（中里介山「大菩薩峠 白根山の巻」）

便々《べんべん》たる

「便々たる」はなにもせずに意味もなく日々を過ごしていたり、くだらないことに長時間を費やしていたりするさまをいいます。「便々たる日常」といったように用いられ、便々と過ごした結果のような太鼓腹を「便々たる腹」と呼ぶこともあります。また、同じ意味に「便々だらり」「のんべんだらり」という表現もあります。「のんべんだらり」を使うと文体が柔らかくなりそうです。

▶ 鳥打帽の日本人が来るのをその場で便々と待つまでもなく、こっちから進んでいって相手に直面しようとわたしは考えた。（松本泰「謎の街」）

狭心症にかかっているせいか、一寸《ちょっと》した好奇心でも胸がドキドキして来そうなので、便々たる夏肥《ぶと》りの腹を撫でまわして押鎮《おししず》めた。（夢野久作「白くれない」）

本をひろげて見たり、好《い》い加減な文章を書いて見たり、それにも飽きると出たらめな俳句を作って見たり——要するにまあ太平の逸民《いつみん》らしく、のんべんだらりと日を暮していたのである。（芥川龍之介「東京小品」）

日和見《ひよりみ》　自分にとって有利になる方法を選び取るために、ことの成り行きをうかがうことを「日和見」といいます。「日和」とは空模様のことで、転じて物事の雲行きにも用いられるようになりました。また、日和見的な行動をとる人を「日和見主義」といいます。空をながめて過ごす風流人のような呼び名ですが、ほめ言葉ではありません。出方を決めるまでは傍観するのみですので、横着などとは少し異なるものの、積極的に行動も協力もしないという意味では怠惰な態度だといえるでしょう。

▶日本人の生活は甚だしく微温な、退屈な、現状維持的な、日和見的な、弛緩した外貌《がいぼう》を呈しております。（与謝野晶子「三面一体の生活へ」）

みんな日和見主義であります。みんな「臆病な苦労」をしています。けれども、私たちは、それを決定的な汚点だとは、ちっとも思いません。（太宰治「自信の無さ」）

高みの見物

自分には関係のないこととして、安全圏からトラブルを野次馬的に見ることを「高みの見物」といいます。「高み」とは自分の立場や年齢が上ということではなく、自分に被害が及ばないように高いところから見下ろしているという意味です。自分に火の粉が降りかかる可能性があるため、高い場所に避難しているわけです。自分と何の接点もない人の醜聞やトラブルを追っても火の粉がかかることはありません。登場人物、背景、立ち位置、職場等々、自分となんらかの関わりや共通点はあるけれども決して手出しも口出しもせず、第三者の立場を貫いて傍観するときに相応しい言葉です。

「僕はいつかも言った通り、公平の立場を取って、何処までも高みの見物の積りだったけれど、若子さんが承知しない。君の味方についてやれと頻りに言うんだ」（佐々木邦「求婚三銃士」）

第9章

拒絶・承諾にまつわることば

断ることと、受け入れること。人生はこちらにするかあちらにするかと選択しながら進んでいくものですが、好き嫌いだけで選ぶわけではありません。嫌悪感から断ることもあれば、嫌悪しつつも受け入れることもあり、そこにまつわる事情と感情はさまざまです。第9章は拒絶や辞退、同意や承諾を豊かに表現する語を集めました。慣用句や喩えなど、古風で味わい深い言葉をお楽しみください。

❶拒否や抵抗の意思を含む言葉

拒否の意思を含んだ言葉にも、軽く受け流すものや断固拒否を表すもの、相手を小馬鹿にする意味合いを含んだものまで多くの表現方法があります。拒否・抵抗・拒絶・辞退・遠慮・放棄・却下といった意味を持つ言葉を紹介します。

もっての外　とんでもないこと、許したり認めたりするわけにはいかないこと、言語道断だと切り捨てることを「もっての外」と表現します。「この公園をつぶすなんてもっての外だ」

といった使い方をします。似た意味に「けしからぬ（けしからん）」があり「この公園をつぶすなんてけしからぬ」というように「もっての外」と同じ使い方ができます。注意点がひとつあります。相手を認めたり切り捨てたりできるのは、自分が上の立場だからこそ。「以ての外」「けしからぬ」は、基本的には目下に対して使う言葉だと意識しておきましょう。

自分を出し抜いて、二人同車して都を巡《めぐ》るなどとはもっての外である。（中島敦「弟子」）

この頃の模様を父、母に話したら定めし道也はけしからぬと怒るであろう。（夏目漱石「野分」）

取り付く島もない

頼んだりすがったりしても全く相手にしない様子を「取り付く島もない」といいます。「取り付く島」とは船の立ち寄り先となる島のことで、出航したものの取り付く島がなければ、なにかあったときに命取りとなります。このことから、相手にされない冷たい対応を「取り付く島がない」というようになりました。「頼み込んだが取り付く島もなかった」というように用います。

学生は一旦恐縮はしたが、相手のとりつく島のない態度にすっかり度を失い、おまけに周囲の無表情な視線に取り囲まれてやりきれなくなり、じりじりとその場から遠ざかった。（岸田國士「日本人とは？―宛名のない手紙―」）

木で鼻をくくる

「木で鼻をくくる」は、要求や相談を冷たくあしらうさまの表現です。もとの語は「木で鼻をこくる」で、「こくる」は「こする」を意味しました。木で鼻をこすれば痛みで表情がゆがむことから、不快な表情や態度での応対を表す言葉となったのです。「何を聞いても木で鼻をくくったような返事ばかり」といったように相手の対応の表現に用います。

▶平助はとかくに木で鼻をくくるような挨拶をして、努めて相手との問答を避けているらしい素振りが見えた。（岡本綺堂「半七捕物帳 朝顔屋敷」）

けんもほろろ

「けんもほろろ」は依頼を冷たく拒絶するさまをいい、「けんもほろろに追い出された」といったように使います。語源は諸説あるものの、「けん」「ほろろ」は雉《きじ》の鳴き声とするのが定説です。確かに、雉のケーンケーンというしわがれた声は、不愉快そうに他者を拒絶しているようにも聞こえます。

▶鰹節一連に憤りをかんじた上野介は内匠頭《たくみのかみ》の懇請《こんせい》をけんもほろろな態度ではじきかえした。
（尾崎士郎「本所松坂町」）

つれない

「つれない」は冷ややかで情を感じないさまのこと。「つれない」だけでは拒否を表すものではありませんが「つれない態度で断られた」「彼女はいつまでたってもつれない」といったように用いると、冷たい態度での拒絶を表すことができます。吉川英治は「無情」の語を「つれない」と読ませました。情けをかけることなく切り捨てる態度に似合う表現です。

▶「その人前でなかったら、私こそお馬の脇へ、すがりついたかもしれません。だのに小殿は無情《つれな》い。私は恨んでおりました」（吉川英治「私本太平記 あしかが帖」）
私だけは無言のまま、強いてつれないような様子を見せていた。（堀辰雄「かげろうの日記」）

つっけんどん

乱暴な言葉やとげとげしい態度を描写する語に「つっけんどん」があります。この語自体は拒否の意味を含みませんが、「帰ってくれとつっけんどんに突き放された」

といったように用いれば、強い拒否を表すことができます。

▶するると、魚屋さんいそがしいもので、つっけんどんに、だめよといったの。（ルイザ・メイ・オルコット 水谷まさる訳「若草物語」）

「何しに来たの」と母は突慳貪《つっけんどん》に一言。（国木田独歩「酒中日記」）

鼻あしらい

相手を見下したり軽く見たりして適当に対応するさまを「鼻あしらい」「鼻先（鼻）であしらう」といい、「真剣に訴えたが鼻であしらわれた」といったように使います。

相手を馬鹿にして鼻で「ふん」とあざけるさまが由来だとされます。通り一遍の答えが返ってくるだけでまともな対応がない、見下している様子が態度や言葉に見て取れる、そんなときに相応しい表現です。

▶職長は鶴見あたりの工場から流れて来た「渡り職工」だった。皆を「田舎職工」に何が分ると、鼻あしらいしていた。（小林多喜二「工場細胞」）

「ふん」と、お鳥は鼻であしらって、それを受け取らなかった。（岩野泡鳴「泡鳴五部作 発展」）

柳に風

柳が風に吹かれてなびくように、うまく受け流して逆らわないことのたとえに「柳に風」があります。相手に逆らわず迎合していくということではなく、適当に受け流して相手にしないさまに用いられます。「柳に受ける」も同じ意味の慣用句です。

▼委《くわ》しい返事を聞こうとしても、いつも、柳に風と受け流してばかりいて少しも要領を得たことをいってよこさなかった（近松秋江「霜凍る宵」）

肩すかしを食わせる

闘志を燃やしてかかってくる相手をかわし、勢いをそらせることを「肩すかしを食わせる」といいます。元は相撲のきまり手の一つでしたが、転じて、意気込んでいる人が無駄足を踏むさまにも用いられるようになりました。相手に肩すかしを食わせることもありますし、自分が食ってしまうこともあるでしょう。似た語に「スカを食わす」があります。

▼帆村は肝腎のところで相手の激しい詰問に対し、軽く肩すかしを喰わせた。（海野十三「流線間諜《スパイ》」）

抗《あらが》う

相手に従うことなく、言い返したり抵抗したり逆らったりするさまを「抗う」といい、「権力に抗う」「流行に抗う」といった使い方をします。「抗」の字には、防ぐ・拒む・張り合うといった意味があります。自分から戦いを仕掛けていくのではなく、なにかしらの動きや流れに巻き込まれないように防衛するさまを表した言葉です。

▶姉は勿論、怒って、泣いた。けれども私は、固い決心をもって姉のたあいもない我儘に抗った。（渡辺温「可哀相な姉」）

蹴る

相手の申し出を拒否することを身体の動きになぞらえて、「蹴る」といいます。もともとは歌舞伎役者が役を断ることをいいましたが、転じて、広く拒絶を表す言葉となりました。「蹴る」という荒っぽい行為ではあるものの、「魅力的な話だったが、スケジュールが合わず泣く泣く蹴った」など、嫌悪の感情がなくとも用いられます。

▶「さきに、信長に、つくもがみの茶入れをねだられて、茶入れは取られたが、久秀の首と、平蜘蛛の釜だけは、信長の眼にも供《そな》えぬ」と、豪語して交渉を蹴った。（吉川英治「新書太閤記 第五分冊」）

剣突《けんつく》を食わせる

「剣突を食わせる」は相手の申し出を強い態度で断ることです。『新明解国語辞典第七版』(三省堂)では「けんつく」の漢字表記について、「『剣突・拳突』などとあてる向きがある」としています。語源ははっきりしないものの、剣や拳での攻撃を思わせる強い拒否と考えていいでしょう。「剣突」は主に「食わせる」「食らわせる」「食う」「食らう」など、食べる行為の動詞と組み合わせて使われます。

▶さっき僕にけんつくを食わせた芸者はねえさん株と見えて、頻《しき》りに大声を出して駆け廻って世話を焼いている。(森鷗外「ヰタ・セクスアリス」)

郵便局の雇《やとい》や、税務署の受附などに、時おり権突《けんつく》を食わせられる度に、ますます厭《いや》になった。(寺田寅彦「枯菊《かれぎく》の影」)

土付かずといって可《い》い大事の駒下駄を、芋を焼く竈《へっつい》に焚《く》べられた上に、けんつくを喰《くら》って面目を失った(泉鏡花「湯島詣」)

御免こうむる

嫌だ、断りたい、逃げたいといった意思を表す言葉に「御免こうむる」があり、「あんな思いは二度と御免こうむりたい」といったように用います。同じ意味の語「真平御免」の方が現代ではよく使われています。「御免」は拒否の気持ちを表す語で、「こうむる」

は「いただく」「身に受ける」といった意味です。うんざりしていたり、関わりたくなかったりするときに相応しい表現です。

とんでもない！　それこそまっぴら御免こうむる。（徳冨蘆花「小説 不如帰」）

そんなことは、学問のためにだって、その学問がどんなに高価なものだからといって、わたしは御免こうむる。（ミシェル・エーケム・ド・モンテーニュ 関根秀雄訳「モンテーニュ随想録 第二巻」）

おれが書くのはもう真平御免だ。（芥川龍之介「葱」）

否《いな・いや》

否定や拒否を表す語に「否」があります。さまざまな使い方がありますが、面白い表現、効果的な表現をふたつ紹介します。ひとつ目は、自分の言葉を途中で否定する使い方です。「これは全国民の、否、人間全ての義務ではなかろうか」といったように、後半だけでも文は成り立つのに、「否」を使って前半を否定することで後半に説得力を持たせる技法です。

ふたつ目は「否否、そんな力は私にはありません」といったように、重ねて語意を強める使い方です。「いやいや」は会話においてよく使われますが、漢字を意識することはあまりないかと思います。昔の作家たちはこれに飽きたらず、否、否、否と数多く連ねてさらに意味を強める表現をしています。坂口安吾にいたっては「否否否。千辺否。万辺否」と否を千遍も万遍も繰り返すユーモアを見せています。

旨い字か、否《いな》、拙《つたな》い字か、否、ただ、よい字である。よい字というものは、よい人格が生む以外、ほかに生んでくれる母体はない。（北大路魯山人「覚々斎原叟の書」）…自分の言葉を途中で否定

それは卑きょうなことだろうか。否、決してそうではない。それは弱いもののできることだろうか。否、その反対である。（中井正一「真理を求めて――平和祭に寄す」）…自分の言葉を途中で否定

単なる論敵であるか？否否否。千辺否。余の生活の全てに於て彼は又余の憎むべき仇敵である。（中略）諸君は学識深遠なる蛸の存在を認容することが出来るであらうか？否否否、万辺否。余はここに敢て彼の無学を公開せんとするものである。（坂口安吾「風博士」）…重ねて語意を強める

小禽《ことり》は叫ぶ。否、否、否。私は、私から堕ちる血を私の血とは認めない。否！（三好達治「十一月の視野に於て」「測量船」より）…重ねて語意を強める

潔しとせず

「潔しとせず」は、プライドが許さないなどの理由により、受け入れることができないときに用いる言葉です。「潔い」とは未練がましくないさまをいうのが一般的で

すが、やましさがないことを表す語でもあります。否定を伴った「潔しとせず」は、受け入れると自分に対しやましさができてしまうといった意味合いになります。「スタンドプレイは潔しとしない」「人をだますのは潔しとしない」など、理念や正義感などにそぐわないために拒否するときに使われる表現です。

▶しかし、もう、こうなった以上は、僕も手を引くのをいさぎよしとしない。（岩野泡鳴「耽溺」）

❷同意や承諾の意思を含む言葉

賛同を表明したり、喜んで協力したり、不本意ながらも受け入れたり。同意や承諾の気持ちにも段階やニュアンスの違いがあります。ここでは書き言葉として使われる古い語や、ことわざ、慣用句を中心に同意の意思を含む語を集めました。同意、承諾、受諾、容認、賛成、了承、甘受……違いがピンとこない似た熟語も、ことわざや慣用句などの表現に変えてみると、使いどころが明確になることもあるでしょう。作品に応じて使いわけてみてください。

首を縦に振る

「首を縦に振る」は、同意や納得を表す動作を文章化したものです。「首を傾げる」は疑問、「首を横に振る」は拒否など、動作を描写して意味を伝える表現はたくさんあります。例えば、同意には「点頭《てんとう》」もあります。何度もうなずくさまを表した言葉ですが、話し言葉としては馴染みがなく主に書き言葉として使われ、小説では「点頭《うなず》く」と読ませている作品も多く見つかります。世界観にあわせて使い分けてみるといいでしょう。

よほど首を縦にふろうかと考えたのですが、イヤここが我慢のしどころだと頑張った。（梅崎春生「ボロ家の春秋」）

「ああ名古屋ですか。」純吉は口ばやく繰り返して、努めて邪念なさ気に点頭《うなず》いた。（牧野信一「渚」）

合点《がってん》

うなずくことや同意を表す語に「合点」があり、「合点承知」といったように使われます。また「合点合点」と繰り返すことで何度もうなずくさまを表します。納得したときにも「合点がいった」と表現することがありますが、こちらは「がってん」「がてん」の二通りの読み方をします。

おれさえアイと合点すりゃ、あべこべに人をうらやましがらせてやられるところよ。（泉鏡花「夜行巡査」）

お花はこわくて物が言えないのか、黙って合点々々をした。（森鷗外「心中」）

くみする

同意して協力や味方をすることを「くみする」といいます。「理念に感銘を受けて活動にくみする」といったように、仲間になったり共同で活動したりするときに用います。「与する」「組する」などの漢字表記がありますが、いずれにせよ「手を組む」「協力する」といった意味を持ちます。坂口安吾は徒党を組んだりへつらったりする意味の「党《とう》する」を「くみする」と読ませています。

▶隷属した文学は、党《くみ》するところの主義目的がどれほど貴く、また正しくあっても、堕落した文学である。（坂口安吾「悲願に就て――「文芸」の作品批評に関聯して――」）

毛利方に組することは、自ら滅亡を招くにひとしい。（吉川英治「黒田如水」）

私は、新劇の舞台的完成が、必ず確固たる経済的基礎の上に築かれなければならないという議論に与することはできない。（岸田國士「新劇の危機」）

肯《がえ》んずる

「肯んずる」は了承や承諾などを表す語で、「説得は1年かかり、ようやく彼は肯んじた」といったように用いられます。主に文語として使われる言葉です。文章を堅く真面目な雰囲気にしたいときに用いることをおすすめします。

僕の父は鯔《ぼら》が生長して膃肭臍《おっとせい》になると信じている。このいなが食卓にのぼる度に云う。僕がそんな事はない。魚が獣になるなんて事はないと説明する。しかし父は肯んじない。（新美南吉「海から帰る日」）

母はみんなに引きとめられて、帰るときには吾一か誰か送って行くという条件の下《もと》に、なお二三日鎌倉に留《とど》まる事を肯んじた。（夏目漱石「彼岸過迄」）

諾《うべ》なう

望みをかなえたり、頼みを引き受けたり、考えに同意したりすることの表現に「うべなう」があります。主に文語において用いられる古風な表現で、「切望されてうべなう他なかった」といった使い方をします。「諾なう」は訓読みですが、音読みでは「諾《だく》する」となり、少し堅苦しい印象となります。文体や世界観で使い分けてみてください。

どしどし問返すのは、心から納得《なっとく》出来ないものを表面《うわべ》だけ諾《うべな》うことの出来ぬ性分だからだ。（中島敦「弟子」）

それは容易に翁の使者の命ずるまま乞《こ》うままには諾するところがなかったらしい。（北大路魯山人「素人製陶本窯を築くべからず―製陶上についてかつて前山久吉さんを激怒せしめた私のあやまち―」）

背に腹は替えられない

「背に腹は替えられない」は大きな苦しみを避けるために、小さい苦しみを受け入れることの譬えです。その昔、武士たちは攻撃を受けたときに背中を出して急所の腹を守りました。腹より背に傷を受ける方がましだと考えたのです。「背に腹は替えられない」はこのことから生まれたことわざです。大切なものを優先するため、多少の苦痛を受け入れるときに使ってみるといいでしょう。

▶初対面で、少し怪しい所もありましたが、背に腹は代えられず一万円の損で譲りました。（甲賀三郎「真珠塔の秘密」）

選択の余地がない

「選択の余地がない」は、それを選ぶしかないときに使う表現です。「売り切れの色が多くて選択の余地がなく、黄色を買った」といったように使います。進んで選び取ったわけではなく、選択肢がないため消極的に受け入れたときに似合う表現です。

▶とても危険だけれども、とにかく選択の余地はない。（スタンリイ・G・ワインバウム 奥増夫訳「タイタン横断」）

「論理は君に告げる。『お前に自由は無いぞ。AとBとCとDを認めたからには、Zを認めねばならない！』だから君に選択の余地は無いんだ。」（ルイス・キャロル 石波杏訳「亀がアキレスに言ったこと」）

不本意ながら

納得はしていないけれど仕方がなく受け入れたときの表現に「不本意ながら」があります。「不本意ながら賛成するしかなかった」といったように用いられ、選択肢がなかったために受け入れたことを表します。

▼わざと黙っている爺いさんは、渋い顔をしている積であったが、不本意ながら、つい気色《けしき》を和げてしまった。（森鷗外「雁」）

ここいらで不本意ながらペンを置く。が、もっと不本意なことはこれでもって当分プルウストに関する手紙を打ち切らなくてはならなくなったことだ。（堀辰雄「プルウスト雑記 神西清に」）

止むを得ず

他に方法がなかったため仕方なく受け入れたときの表現に「止むを得ず」があり、「悪天候のため、止むを得ず中止した」といったように使います。「止むに止まれず」も同様の意味で、「体調を崩し、止むに止まれず退職した」といったように用います。

▼攻撃のためではなく自分の威厳のため止むを得ずその形をしている。（梶井基次郎「矛盾の様な真実」）

▼尤《もっと》も当時はあまり本を読む方でも無かったが、兎《と》に角《かく》自分の時間というものが無いのだから、止むを得ず俳句を作った。（夏目漱石「正岡子規」）

削除には止むに止まれぬ理由があったのだろうと想定せざるを得なかった。（H・P・ラヴクラフト The Creative CAT 訳「チャールズ・デクスター・ウォードの事件」）

不《ふ》承《しょう》不《ぶ》承《しょう》

いやいやながら、しぶしぶながらといったときに使いたいのが「不承不承」です。「嫌いな相手と不承不承に結婚をした」というように、気が進まないけれど仕方なくそうしたときに使う言葉です。「不承」は一語でもしぶしぶ承知することを表し、これを重ねることで語意を強めているのです。

▼私はこの記者から前にも一二度不快な印象を受けた覚えがあるので、不承不承に返事をした。（芥川龍之介「沼地」）

良秀は忌々しそうにこう呟くと、蛇はその儘部屋の隅の壺の中へ抛りこんで、それからさも不承無承《ふしょうぶしょう》に、弟子の体へかかっている鎖を解いてくれました。（芥川龍之介「地獄変」）

甘んずる

「甘んずる」は、与えられたもので満足したり仕方がなく納得したりするさまをいい、「今が修行のときととらえ、安月給に甘んずる」といった使い方をします。喜んで受け入れているわけではなく、かといって無理矢理我慢しているわけでもない状況で、納得した上で許容しているというニュアンスの言葉です。

▶思い上がって暮らした自分が今後はどんな屈辱に甘んじる女にならねばならぬかしれぬと紫の女王は愁《うれ》いながらもおおようにしていた。（紫式部 与謝野晶子訳「源氏物語 若菜（上）」）

大雅堂は画室を持たなかったし、良寛には寺すらも必要ではなかった。とはいえ、彼等は貧困に甘んじることをもって生活の本領としたのではない。（坂口安吾「日本文化私観」）

第10章 他人との上下関係をにおわせることば

職場の人間関係、学校の先輩や後輩、各種コミュニティでの立ち位置など、人が集まるところには少なからず上下関係が存在します。第10章には権力者が弱者を支配するさま、権力者に取り入ろうとする弱者のさま、そして平身低頭に許しを乞うさまの言葉を集めました。支配する側とされる側の黒々とした感情を秘めた表現です。

1 媚びるさまを表す

人に付き従う理由は尊敬の念ばかりではなく、保身や出世欲など自分への愛情が根底にあることも多いかと思います。敵意を抱いたまま、媚びたり服従したりすることもあるでしょう。色々な事情や感情をこめて、ご機嫌を取るさまを表現してみましょう。

媚びる

機嫌を取ったり胡麻をすったりなど、他者に気に入られるような行動や言動を「媚びる」といい、「上司に媚びる」といったように使います。また、この語は「社会に媚びる」「体制に媚びる」など、人間以外にすり寄るさまにも使われます。

▼自分は、少しでも相手に媚びると思われたくなかったのだ。（下村湖人「論語物語」）

▼徒《いたず》らに、特権階級に媚びる文学は、小説といわず、少年少女の教育に役立つ読物といわず、またこの弊《へい》に陥っています。（小川未明「童話を書く時の心」）

へつらう

他人に気に入られるための言動を「へつらう」といいます。漢字では「諂《へつら》う」と書き、字義はうかがいみることです。「クライアントにへつらって仕事を回してもらう」など、人の様子をうかがいながらお世辞をいうさまに用いられます。和辻哲郎はお世辞ばかり言う者を「へつらい者」と揶揄しています。

▼家中の十人の内九人までが軽薄なへつらい者になり、互いに利害相結んで、仲間ぼめと正直者の排除に努める。（和辻哲郎「埋もれた日本―キリシタン渡来文化前後における日本の思想的情況―」）

▼なにが陸軍中将じゃ。貴様、そういうような諛《へつら》った真似をするから、みんなからも爪《つま》はじきされるんじゃ。（佐々木味津三「山県有朋の靴」）

おもねる

他人に気に入られるように媚びたり胡麻をすったりするさまを「おもねる」と

いいます。「権力におもねる」「流行におもねる」など、人間以外に迎合するさまにも用いられます。漢字では「阿《おも》ねる」と書き、「阿」の字には自分の意思を曲げて他人に合わせていくという意味があります。

▶常々彼はFの趣味におもねって、いかにも自分は運動好きの快活な若者であるという風に見せかけていたから――。（牧野信一「或る五月の朝の話」）

取り入る

気に入られようとご機嫌をとったり、好待遇を受けるために媚びた行動をとったりすることを「取り入る」といい、「師匠に取り入って後継者の座を狙う」といったように用います。気に入られたい、贔屓されたい。そんな感情を伴った言葉です。

▶軽部は小学校の教師、出世がこの男の固着観念で、若い身空で浄瑠璃など習っていたが、むろん浄瑠璃ぐるいの校長に取り入るためだった。（織田作之助「青春の逆説」）

太鼓を持つ

「太鼓を持つ」は人に気に入られるための行動のことで、「あいつは太鼓を持ってばかりで信用ならない」といったように使います。また、そのような行動ばかりとる人を「太鼓持ち」といいます。江戸時代の男芸者が、太鼓を使って宴席を盛り上げたり客の機嫌を取ったりしていたことが語の由来です。彼らはいつも太鼓を持ち歩いていたため「太鼓持ち」と呼ばれていたのです。職業としての太鼓持ちはいなくなりましたが、現代も太鼓を持つ人は健在で、この語も現役で使用されています。

▶「それはよく存じませんが、なんでも太鼓持や落語家《はなしか》の芸人などを取巻きに連れて、吉原そのほかを遊び歩いているように聞いて居りますが……」（岡本綺堂「半七捕物帳 川越次郎兵衛」）

胡麻をする

自分の利益のために相手のご機嫌をとることを「胡麻をする」といいます。すり胡麻を作るときに、すりこぎやすり鉢にくっつく胡麻と、他人にくっついてへつらう人を重ね合わせて生まれた比喩です。「毎日胡麻をすってようやく小遣いをあげてもらった」といったように用いられます。

▶典獄はじめいろんな役人どもにしきりに胡麻をすって、そのお蔭で大ぶ可愛がられて、死刑の執行が延び延びになっているのもそのためだなぞという話だった。（大杉栄「獄中記」）

おべっか

気に入られるためにお世辞を言うことを「おべっか」「おべんちゃら」といい、「彼はおべっかばかりで信用ならない」というように使います。「社交辞令」が似ている語ですが、これは人間関係を円滑にするための会話術であり、相手に気に入られるための胡麻すりではありません。「おべっか」は心にもないお世辞をいったり相手をほめたりする行為を指すのです。おべっかを言う人を「おべっか使い」ということもあります。

▶この猫は鼠を一匹も捕らぬくせに泥棒猫で、近所から嫌われていましたが、「ニャーニャーゴロゴロ」とおべっかを使うのが上手なので、この家の人に可愛がられていました。（夢野久作「どろぼう猫」）

おべんちゃら一つでおせい様を丸め直すことは、すこしもむつかしいことでないにきまっている。（林不忘「巷説享保図絵」）

あの偉大な王で哲学者だったアレクサンドロスでさえ、おべっか使いにはかなわなかったではないか。（ミシェル・エーケム・ド・モンテーニュ　関根秀雄訳「モンテーニュ随想録　第三巻」）

❷他者を支配するさまを表す

上に位置する者が、下の者を操る——そこに宿る支配者の強さや傲慢さ、手の内にある者に対する軽視や蔑視などを感じる言葉を集めました。思いやりや愛はなく、名声欲や支配欲や権力欲といった感情がにじみ出ている表現です。

手《て》懐《なず》ける

相手を信頼させて味方に引き入れたり支配したりするさまを「手懐ける」といいます。動物を懐かせることにも用いられますが、「ワンマン社長を手懐ける」など人を意のままに操るさまにも使われる言葉です。

「手」は形容詞や形容動詞ついて意味を強める働きをする接頭語です。「手痛い」「手堅い」「手短に」など、「手」をつけることで強い語意となります。懐くようにする「懐《なつ》ける」の意味を強めた語が「手懐ける」なのです。（※注・てなずけるは「ず」、なつけるは「つ」と書くのが一般的です。）

周知のように前もって役人を手懐けておかないことには、ちょっとした問合せや照会だって、なかなか受附けてくれるものではない。（ニコライ・ゴーゴリ 平井肇訳「死せる魂またはチチコフの遍歴 第一部 第二分冊」）

飼い馴らす

相手を思い通りに動かすことができるさまを「飼い馴らす」といいます。動物に対して使われる言葉ですが、「社員たちを飼い馴らす」など人に対しても使われるのです。動物への言葉を人間に使うわけですから、相手を見下している様子が感じられます。

生き物以外にも「飼い馴らす」は使われます。「寂しさを飼い馴らす」「怒りを飼い馴らす」などネガティブな感情をコントロールするさまや、「大型のバイクを飼い馴らす」など扱いにくいものを使いこなすさまにも用いられる言葉です。

▶権力によって人間を征服し飼い馴らす秩序が何物であるか。（坂口安吾「現代の詐術」）…人に対して使用

自分のなかの孤独を飼い慣らすことができたら、人間関係もまた、バランスのいいものに変化する。（斎藤茂太『モタさんの心がフワリと軽くなるちょっといい言葉』PHP研究所）…生き物以外に対して使用

世界中で一番はやくトーキーを飼いならした人間、ルネ・クレール。（伊丹万作「ルネ・クレール私見」）…生き物以外に対して使用　※「トーキー」は音声付きの映画のこと

掌《たなごころ》にする

人や事物を自分の思い通りに支配できる状態を「掌にする」といい、「天下を掌にする」「民衆の心を掌にする」といったように用いられます。「掌中にする」「掌に握る」なども同義です。「掌」とは手のひらのこと。自分の手で握っているのですから、捨てるも愛

でるも思いのままというわけです。また、「掌」の訓読みには「つかさどる」もあり、支配や管理の意味を持ちます。

「手」を用いた似た語に「手に落ちる」「手に握る」「手に帰する」「手の内」「手中に収める」「手玉に取る」などがあります。いずれも、自分の手の中にあり自在に操れるものに対して用いる表現です。


「人の生命は、天が掌《つかさど》ってるから、わしの力では、どうすることもできない」（田中貢太郎「北斗と南斗星」）

森虎造の掌中に握られているようなこの島の中のことだから、僕の生命は無いものと覚悟していなければならないだろう。（海野十三「鍵から抜け出した女」）

教授はその一味の幹部もろとも官憲の手に落ちるはずなのだ。（アーサー・コナン・ドイル 大久保ゆう訳「最後の事件」）

男というものを手玉に取って、この世の中に自分ほど悧巧《りこう》なものはないと思っている女の見本だよ。男は手玉に取られたような顔をしているだけの事さ。（野村胡堂「銭形平次捕物控 密室」）

牛耳る

組織などのトップに立ち、思いのままに操ることを「牛耳る」「牛耳を執る」といい、「関連企業を束《つか》ねて牛耳る」といったように用います。「牛耳」とは字の通り牛の耳のこと。語の由来は、古代中国の儀式です。諸侯同士が約束を交わしたり誓いを立てたりする際には、牛の耳を切って血をすする伝統がありました。このとき、長が牛の耳を切る役目をし、一番に血を飲んでいたそうです。裏切りは許さないことを感じさせる儀式で、裏切った場合は厳しい制裁があったことでしょう。語源を踏まえると、裏切ることなどできないくらいの絶対的な権力者に「牛耳る」の語は似合いそうです。

▶学内の言論を牛耳るばかりでなく、町内婦人会や街頭に於ても発言することを好み、彼女の向うところ常に敵方に難色が見られた。（坂口安吾「お奈良さま」）
宮川先生も君、あれで中津川あたりじゃ国学者の牛耳を執ると言われて来た人ですがね、年をとればとるほど漢学の方へ戻って行かれるような気がする。（島崎藤村「夜明け前 第一部上」）

抱き込む

「抱き込む」は、相手を誘って仲間に引き入れることです。「袖の下を渡して抱き込んだ」など、言葉や物や権力などで誘惑して味方にするといったニュアンスで用いられます。志を同じくして仲間になったのではなく、利益や野心などによる繋がり――大人の事情を感じさせる言葉です。似た語に「丸め込む」があります。相手を仲間に引き入れるときにも使われますが、「母を丸め込んでゲームを買ってもらった」といったように、うまく言いくるめてその件を承知させることにも使われます。

▼アメリカのブルジョアは南京政府、蔣介石《しょうかいせき》を抱き込んだ。イギリスのブルジョアは関東政府を抱きこみ、（宮本百合子「モダン猿蟹合戦」）

美和ちゃんは、あんな年寄なんか、掌中に丸め込むのは、お手のものじゃありませんか。（菊池寛「貞操問答」）

❸ 謝罪するさまを表す

立場の上下と謝罪は無関係のはずですが、何かがあったときには立場の弱い者が詫びるケースが多いのではないでしょうか。理不尽であっても謝罪を迫られるときは、ただ平身低頭に許しを乞う流れとなることでしょう。そんなときに使える、相手への屈服や真摯な謝意が感じられる表現、譬えや慣用句を用いた謝罪の言葉を紹介します。

平《ひら》に

「平に」は謝罪や懇願に用いられる言葉です。「平にご容赦くださいませ」「平にお詫び申し上げます」といったように謝罪の言葉と組み合わせて、心から詫びている様子を表します。ビジネスでよく使われる「心からお詫び申し上げます」よりも厳粛な印象を与えます。

「仰せのごとく、――平に、切腹のほど」そう云うのが精一杯で、言葉が終るとともにぐたぐたと平伏してしまった。（山本周五郎「粗忽評判記」）

紙数が尽きた、残念だけれども筆を擱きます、だから、――不信……や「フンガイ」は平におゆるしのほどを。（牧野信一「〔編輯余話〕又も自分の話」）

平蜘蛛《ひらぐも》のように

「平蜘蛛のように」は蜘蛛のように身を低くして詫びるさまの比喩で「平蜘蛛のようにひたすら謝った」というように用います。地面にはいつくばるような気持ちでの謝罪に似合います。

またべったりと平蜘《ひらぐも》のように頭をさげて「お聞きくださいまし、こんな物の判らん小供でございます、どうかお気になされないようにお願いいたします」（田中貢太郎「放生津物語」）

桃太郎はやはり旗を片手に、三匹の家来《けらい》を従えたまま、平蜘蛛のようになった鬼の酋長へ厳《おごそ》かにこういい渡した。（芥川龍之介「桃太郎」）

頭を低くする

頭を垂れて謝ったり礼を言ったりすることの表現に「頭を低くする」があります。「申し訳ありません、と彼は頭を低くした」といったように、「頭を下げる」と同様の意味で用いられます。動作を描写することで心情を伝える技法です。

▶この男は父の生前十何年来と出入していて、台所口から頭を低く何度も父に泣きついて来た時分のことは長姉の民子もよく知っている程であった。（田畑修一郎「鳥羽家の子供」）

平謝り

何度も繰り返し謝ることを「平謝り」といいます。「平謝りに徹した」「平謝りに謝る」といったように用いられ、謝罪の様子を表します。「平謝りに謝る」は二重表現のように感じますが、多くの辞書が用例として扱っている慣用表現です。言い訳などせずに、ひたすら謝るさまの描写に使いたい言葉です。

▶客に怒鳴られ、平謝りに詫びている幾を見、少しの落度もないようにと忙しく走り廻っている幾を見すると、軍治は自分が卑しめられていると感じた。（田畑修一郎「鳥羽家の子供」）

▶ヤブ井チク庵の吉益老夫婦は、母をなだめたり、母に詫びたり、ただもう平謝りが常だった。
（吉川英治「忘れ残りの記―四半自叙伝―」）

この言葉で私はすっかりまいってしまい、平謝りに謝った。（久坂葉子「灰色の記憶」）

伏して

ひれ伏すことを「伏して」といい、「伏してお詫び申し上げます」といったように謝罪するときに使います。ひれ伏すといっても実際に土下座するのではなく、土下座するくらいの気持ちであるという表現です。弁明などせず、心から謝罪するときに相応しい言葉です。中路啓太は「伏して、伏して……」と繰り返し、謝罪の深さを表現しています。

▶父もきっと空の上で「いつまで待たせるんだ、お前は！」と怒っておられるに違いない。伏してお詫びを申し上げなければならないと思っている。（寛仁親王『ひげの殿下日記 The Diary of the Bearded Prince』小学館）

「伏して、伏して……お詫び申し上げまする」助左衛門は自分を責め、泣いた。（中路啓太『獅子は死せず』講談社）

購《あがな》う

品物や行為を引き替えに謝罪することを「購う」といい、「過去を購い洗礼を受ける」といったように使います。似た語に「償い」があり、こちらも品物や行為により罪の埋め合わせをすることを指します。「購い」は神に誓いを立てたり、命をも差し出したりするほどの重大さを感じさせる言葉です。「償い」も重大ではあるものの、日常で使われる言葉であり身近な行為です。例えば、壊した物を弁償するようなときは「償い」が似合い、「購い」では大袈裟すぎます。シチュエーションによって使い分けてみてください。

▼生命を前借しているんですから、それをあがなうためには生命を差し出すよりほかない。（矢内原忠雄「キリスト教入門」）

荊《いばら》を負う

罪を反省し、謝罪の意思を持ち続けることを「荊を負う」といい、「一生荊を負って生きていく」といったように用います。「荊」はイバラの杖のことで、罪人を打つための道具です。荊を自分の背に負い、自ら進んでむち打たれることで贖罪《しょくざい》の意識を表しているのです。償っても償いきれないような大きな罪の意識があるときに似合う表現です。

▼僕は荊を負うことを辞せない。平蜘蛛になってあやまる。（森鷗外「ヰタ・セクスアリス」）

手を突く

「手を突く」は謝罪の表現です。両手を地面について詫びるさまで、「相手方の前では手を突くしかなかった」といったように用います。「手を下げる」も地面に手をついて謝罪や懇願をするさまです。どちらも深い謝罪を表しますが、地面につけているのは手だけであり、額をつける土下座よりは気持ちは弱いのかもしれません。

謝罪を表す手の動作に「手を擦る」「手を揉む」「揉み手」などがあります。いずれも謝罪の他、頼み込むときの表現にも使われる語です。手を擦ったり揉んだりしながらの謝罪は、大きい罪には似合いそうもありません。罪の大きさや謝罪の深さを考えて、表現を選択してみてください。


「入ったらどうするッ」

「手を突いて謝ってみせらア」

「ふうん……」

「手を突いて、それから、シャボン水を飲んで見せらア」

「ようし、きっとお飲みよ」

（中略）

「さあ入ったよ。手を突いてシャボン水お飲みよ」（織田作之助「妖婦」）

七重の膝を八重に折る

丁寧に頭を下げて、頼んだり謝ったりすることわざに「七重の

「膝を八重に折る」があります。「七重」は七つあるいは多くの数を重ねるという意味です。二重にしか折れないはずの膝を七重に、それでも足りず八重に折るという喩えで、強い懇願を表します。

▶平手は七重の膝を八重にも曲げて懇願しなければならない立場だ。（坂口安吾「梟雄」）

喜兵衛は本当に七重の膝を八重に折りました。（野村胡堂「銭形平次捕物控 死の矢文」）

面目ない

「面目ない」「面目次第もない」は恥ずかしくて世間に顔向けできないときに使う表現です。「面目」は世間体や名誉を指します。社会に重大な迷惑をかけたときに用いられることもありますが、「不合格で面目ない」といったように、自分の行いにより自分が恥ずかしいときに使われることもあります。

「まことに予の不徳のいたすところだ。国内に対して面目もない」（吉川英治「三国志 五丈原の巻」）

いや、もう閣下、ひどくご無礼をいたしました。こんな乱雑な席にご光来をねがいまして面目次第もございません。（宮沢賢治「税務署長の冒険」）

コラム

気持ちに強弱や表情をつけることば

気持ちを文に託すには、「腹が立った」「嬉しかった」など感情そのものをシンプルに表す語を使ったり、「むせび泣く」「気色ばむ」など程度やニュアンスを表す語で表現したり、「煮え湯を飲まされる」「血の涙を流す」など比喩や諺や慣用句を用いたりとさまざまな方法がありますが、変わり種としておすすめしたいのが、語をうまく組み合わせる表現技法です。

「その日は私の誕生日だった」↓「その日はいみじくも私の誕生日だった」

強調部「いみじくも」は「まさに」「非常に適切に」といった意味を持つ言葉です。「その日は私の誕生日だった」でも成り立ちますが、この一語が入ったことで「偶然ではない巡り合わせに驚いている」気持ちを表すことができるのです。付け加えることで文章に感情を持たせる言葉は色々あります。他の例も見てみましょう。

よしんば もしそうであったとしても、万が一そんな事態になっても、と仮定するときに使います。「よしんば値上がりしても買い続ける覚悟だ」といったように、そのような事態になってもなんら変わりはない、大した問題ではないといった心情を表しま

す。

あぐむ その行為をやりつくし、もう手立てがないときに使います。「待ちあぐねる」「探しあぐねて諦めた」「考えあぐねて眠れない夜が続いた」など主に動作を表す語と組み合わせて用いられ、答えや結果が出ず疲弊しているさまを表します。

豈《あに》○○や 「豈」は否定の語をあとにつけて、述べたことがらを強く否定する言葉です。例えば「努力の結果であり、豈運の問題ならんや」とすれば、運の問題ではないことを強く否定する意味となります。また「豈図らんや、彼が裏切り者だったとは」というように「豈図らんや」を文頭に使うと予想外の出来事に驚いているさまの表現となります。この場合は文末を「とは」で終わらせます。

あまつさえ 悪い出来事や状態が重なるときに「おまけに」「さらに」といった意味合いで使われる語です。「いいようにこき使われ、あまつさえ皆の前で恥をかかされた」といったように、憤慨や閉口や疲弊などネガティブな感情を伴って使います。

これらの語自体は特定の感情を表すものではありませんが、さまざまな気持ちに強弱や表情をつけることができる言葉です。文を情感豊かにしたいときはもちろんのこと、個性を出したいときや、古風な文体にしたいときなどにも使ってみてください。

参照元一覧

参考サイト

読売新聞オンライン
考える人「分け入っても分け入っても日本語」飯間浩明
国立国会図書館「レファレンス協同データベース」
大修館書店「WEB国語教室」
兵庫教育大学学術情報リポジトリHEART
情報・知識オピニオンimidas

参考文献

『語源ものしり辞典』大和出版
『ことばの由来』堀井令以知　岩波新書
『罵詈雑言辞典』奥山益朗　東京堂出版
『日本語オノマトペ辞典』小学館
『イラストことわざ辞典』Gakken

●出版社名が記載されていない引用文の出典元は青空文庫とします。
●青空文庫からの引用のうち、旧仮名遣い・旧字体の箇所は新仮名遣い・新字体に改めました。
●文例には一部不適切な表現を含むものもありますが、作品の歴史的価値からそのままの表現を使用しています。

おわりに

活字離れが叫ばれて久しい現代ですが、スマホの普及によりＳＮＳやメッセージアプリが生活に浸透し、むしろ現代の生活は一昔前より活字や文章に密着していると感じます。以前はプライベートでは文章など一切書かなかったのに、今はメッセージアプリで日々文章を打っている人を何人も知っていますし、目の前にいる相手とアプリを使って文章で会話をしているというのもよく聞く話です。現代は文字コミュニケーションの時代なのかもしれません。

言葉は人と人とを結びつける力があり、言葉による感情のやりとりでコミュニケーションは成り立ちます。また、人は言葉を使って思考し、記憶し、感情を整理します。その作業の中で、思考が深くなり感情も豊かになり、ひいてはそれを表現する言葉を新たに体得していくのでしょう。言葉と思考と感情は三位一体で複雑に絡み合っているのだと思います。

この先も発展するであろうデジタル社会では、さらに文章が必要になってくることでしょう。そんな中で何度も手にとってもらえる本を書きたいと願いながら、本書『書くひとのための感情を表すことば４３０』に向き合った半年でした。

本書で取り上げたのは、感情を伝える言葉のほんの一部でしかありません。さまざまな作家の小説・随筆・詩・論文など、色々な書物を手に取ってみてください。書物は言葉の宝庫です。未知の言葉やさまざまな使い方が数多く見つかることでしょう。また、拙著『ふだん使いの文章レトリック』（笠間書院）もよろしければご覧ください。感情に限定していませんが、喩えたり、匂わせたり、否定したりと文章表現のさまざまな技法を紹介しています。

笠間書院様とは今回で3冊目のお仕事となりました。担当の糸賀様の寛大な対応と的確なアドバイスがあってこそ、本作も刊行に漕ぎ着けることができました。糸賀様及び関係者の皆々様に心より感謝申し上げます。

本書が皆様の文章作成の一助となりますように。長く親しんでいただける一冊となりますように。

2025年3月　ながたみかこ

索引

【あ】

【か】

【さ】

【た】

【や】

【ら】

【わ】

ながたみかこ

絵本や童話などの児童書のほか、一般文芸や作詞など幅広く手掛ける作家。言葉遊びや日本の民話、妖怪などの面白さを子供向けにわかりやすく表現する作品が多い。著書に『日本の妖怪＆都市伝説事典』(大泉書店)、『こわくてふしぎな妖怪の話』(池田書店)、『ふだん使いの文章レトリック』『裏切りの日本昔話』(笠間書院)など。

書くひとのための感情を表すことば430

2025年4月5日　初版第1刷発行

著者	ながたみかこ
イラスト	江口修平
発行者	池田圭子
発行所	笠間書院 〒101-0064 東京都千代田区神田猿楽町2-2-3 電話 03-3295-1331　FAX 03-3294-0996
	ISBN 978-4-305-71038-3
装幀・デザイン	室田潤（細山田デザイン事務所）
本文組版	STELLA
印刷／製版	平河工業社

https://kasamashoin.jp